世界五千年
科技故事丛书

卢嘉锡题

《世界五千年科技故事丛书》
编审委员会

丛书顾问　钱临照　卢嘉锡　席泽宗　路甬祥
主　　编　管成学　赵骥民
副 主 编　何绍庚　汪广仁　许国良　刘保垣
编　　委　王渝生　卢家明　李彦君　李方正　杨效雷

世界五千年科技故事丛书

环球航行第一人

麦哲伦的故事

丛书主编 管成学 赵骥民
编著 李成楷 孙明远

吉林出版集团 吉林科学技术出版社

图书在版编目（CIP）数据

环球航行第一人：麦哲伦的故事 / 管成学, 赵骥民主编. -- 长春：吉林科学技术出版社，2012.10（2022.1 重印）
ISBN 978-7-5384-6138-1

Ⅰ.①环… Ⅱ.①管… ②赵… Ⅲ.①麦哲伦，F.（1480～1521）－生平事迹－通俗读物 Ⅳ.①K835.525.89-49

中国版本图书馆CIP数据核字（2012）第156288号

环球航行第一人：麦哲伦的故事

主　　编	管成学　赵骥民
出 版 人	宛　霞
选题策划	张瑛琳
责任编辑	张胜利
封面设计	新华智品
制　　版	长春美印图文设计有限公司
开　　本	640mm×960mm　1 / 16
字　　数	100千字
印　　张	7.5
版　　次	2012年10月第1版
印　　次	2022年1月第5次印刷

出　　版	吉林出版集团
	吉林科学技术出版社
发　　行	吉林科学技术出版社
地　　址	长春市净月区福祉大路5788号
邮　　编	130118
发行部电话 / 传真	0431-81629529　81629530　81629531
	81629532　81629533　81629534
储运部电话	0431-86059116
编辑部电话	0431-81629518
网　　址	www.jlstp.net
印　　刷	北京一鑫印务有限责任公司

书　　号	ISBN 978-7-5384-6138-1
定　　价	33.00元

如有印装质量问题可寄出版社调换
版权所有　翻印必究　举报电话：0431-81629508

序 言

十一届全国人大副委员长、中国科学院前院长、两院院士

[签名]

放眼21世纪，科学技术将以无法想象的速度迅猛发展，知识经济将全面崛起，国际竞争与合作将出现前所未有的激烈和广泛局面。在严峻的挑战面前，中华民族靠什么屹立于世界民族之林？靠人才，靠德、智、体、能、美全面发展的一代新人。今天的中小学生届时将要肩负起民族强盛的历史使命。为此，我们的知识界、出版界都应责无旁贷地多为他们提供丰富的精神养料。现在，一套大型的向广大青少年传播世界科学技术史知识的科普读物《世

序言

界五千年科技故事丛书》出版面世了。

　　由中国科学院自然科学研究所、清华大学科技史暨古文献研究所、中国中医研究院医史文献研究所和温州师范学院、吉林省科普作家协会的同志们共同撰写的这套丛书，以世界五千年科学技术史为经，以各时代杰出的科技精英的科技创新活动作纬，勾画了世界科技发展的生动图景。作者着力于科学性与可读性相结合，思想性与趣味性相结合，历史性与时代性相结合，通过故事来讲述科学发现的真实历史条件和科学工作的艰苦性。本书中介绍了科学家们独立思考、敢于怀疑、勇于创新、百折不挠、求真务实的科学精神和他们在工作生活中宝贵的协作、友爱、宽容的人文精神。使青少年读者从科学家的故事中感受科学大师们的智慧、科学的思维方法和实验方法，受到有益的思想启迪。从有关人类重大科技活动的故事中，引起对人类社会发展重大问题的密切关注，全面地理解科学，树立正确的科学观，在知识经济时代理智地对待科学、对待社会、对待人生。阅读这套丛书是对课本的很好补充，是进行素质教育的理想读物。

　　读史使人明智。在历史的长河中，中华民族曾经创造了灿烂的科技文明，明代以前我国的科技一直处于世界领

序 言

先地位，涌现出张衡、张仲景、祖冲之、僧一行、沈括、郭守敬、李时珍、徐光启、宋应星这样一批具有世界影响的科学家，而在近现代，中国具有世界级影响的科学家并不多，与我们这个有着13亿人口的泱泱大国并不相称，与世界先进科技水平相比较，在总体上我国的科技水平还存在着较大差距。当今世界各国都把科学技术视为推动社会发展的巨大动力，把培养科技创新人才当做提高创新能力的战略方针。我国也不失时机地确立了科技兴国战略，确立了全面实施素质教育，提高全民素质，培养适应21世纪需要的创新人才的战略决策。党的十六大又提出要形成全民学习、终身学习的学习型社会，形成比较完善的科技和文化创新体系。要全面建设小康社会，加快推进社会主义现代化建设，我们需要一代具有创新精神的人才，需要更多更伟大的科学家和工程技术人才。我真诚地希望这套丛书能激发青少年爱祖国、爱科学的热情，树立起献身科技事业的信念，努力拼搏，勇攀高峰，争当新世纪的优秀科技创新人才。

目 录

普通一兵/011

三次负伤/016

遇险之后/021

解除官职/024

重振旗鼓/029

好事多磨/032

组建船队/037

留下遗嘱/043

逮捕异己/048

船到里约热内卢/053

苦度严寒/057

惩治叛变/061

"圣地亚哥"号沉没/069

目 录

伟大的时刻/073

"圣安东尼奥"号叛逃/077

通过海峡/081

饥饿的威胁/084

发现菲律宾群岛/089

在马坦岛阵亡/098

土王设陷阱/103

到马鲁古群岛/107

胜利的时刻/111

麦哲伦的功绩/115

年表/118

普通一兵

16世纪，在欧洲是"地理大发现"的年代。欧洲人，首先是葡萄牙人和西班牙人，为了探索一条由欧洲直达印度和美洲的航路，进行了多次的远洋航行。哥伦布（Columbus christopher，1451—1506）率领西班牙船队横渡大西洋，往西行，发现了"新大陆"（美洲）。达·伽马（Vasco da Gama，1469—1524）率领葡萄牙船队绕过非洲到达印度，开辟了通往东方的新航路。麦哲伦（Fermaode Magalhaes，1480—1521）率领船队，继承了东、西航行的成就，向西行，完成了环球航行。证明了地球是圆的，扩展了人类的地理知识，开通了东、西方贸易，对航海业是个巨大的推动。

但麦哲伦首先是作为普通一兵，开始他的航海生涯的。

1505年3月25日，在葡萄牙的里斯本港口，停靠着20艘军舰，它们扬起风帆，静静地等候国王下令起锚。每艘舰船上高高地耸立着3—4根桅杆，旌旗迎风飘扬，船头和船尾都系着身躯庞大的炮塔，炮口斜对着蓝天。船上至少有1 500名身穿铠甲、全副武装的士兵，200名炮手，此外还有木匠、各种工匠以及数百名有军事素养的水手。这就是葡萄牙的第1支武装舰队，肩负着获取世界上最大的新帝国称号的使命，等待出航。

这一天，国王在教堂亲自授予海军上将、葡萄牙派往印度的第一任总督——阿尔麦达船长一面锦旗，白色的锦旗上面绣着耶稣基督的十字架，显示出纯洁和神圣。船长阿尔麦达双膝跪在地上接受旗帜，全队官兵和水手做完忏悔，吃过圣餐，全部跪下宣誓，表示效忠葡萄牙国王，同时也向上帝保证，一定要在异国他乡征服所有的海岛和陆地，确立上帝对他们的统治。然后，礼炮轰鸣，舰队在礼炮声中缓缓沿特茹河下行，驶往汪洋大海，去征服世界，确立葡萄牙的统治地位。

在跪下举手宣誓的1 500名军人中间，有一位24岁的青年军人，他就是后来成为第一次环球航行的领头人。而此时此刻还是个默默无闻的普通士兵，他叫费迪南德·麦哲伦扬什（Fernaode Magalhaes，即通常称谓的麦哲伦）。

费迪南德·麦哲伦大约出生于1480年葡萄牙北部的一个骑士家庭，属于低贱的四等贵族。尽管等级不高，但这种贵族出身却使他具有佩戴世袭徽章和进入宫廷的权利。

传说麦哲伦10岁时，即公元1490年左右，被父亲送到王宫服役。按当时葡萄牙的封建惯例，他的一切衣食、教育费用，都由国家供给。

1492年，麦哲伦曾做过莱奥诺拉王后的侍童。当时葡萄牙王室所有的人，都没有固定的住所，过着游居生活。国王和王后等人经常游居各地。作为王后侍童的麦哲伦，少年时代就可以伴随国王和王后游览全国山川，了解各地的风俗民情了。但总的说来，国王在首都里斯本居住的时间仍然较多，因此麦哲伦对里斯本比较熟悉，印象也最深刻。

麦哲伦的青年时代，正是"地理大发现"的年代，西欧各国，积极从事海外航行和探险。一些航海家和探险家，在各国当权者的支持下，抱着寻求香料、丝绸、黄金等土特产，以及占领海外领地和工业品市场的目的，极力探索一条到东方来的道路。就葡萄牙国内来说，从15世纪中叶以来，国王的宗室："航海者亨利"亲王大力倡导航海，因此，发展远洋探险事业，一向受到国家和探险家的重视。

1415年，葡萄牙船队沿非洲西海岸向南推进，1415年占领了体达城作为向非洲扩张势力的第一据点。1460年到达西非赤道附近的几内亚，1486年，航海家迪亚士到达非洲最高端的"风景之角"（后改名为"好望角"）。一时，参加这样探险活动成为一代人的追求。这对年轻的麦哲伦来说，同样有着极大的吸引力。后来麦哲伦的环球航行就是在这种形势下促成的。

约在1496年，麦哲伦被编入葡萄牙国家航海事务厅。当时这个机关正在为达·伽马的远航进行秘密准备。麦哲伦来到这里，开始熟悉航海方面知识，接触航海的各项工作。

1505年，已经具备一定航海知识的麦哲伦，获得了参加远征队的机会，他毕生从事的选择探险事业从此开始了。24岁的麦哲伦，被称为葡萄牙的骑士——费达尔戈。他进入舰队时，仅仅是一名预备士兵。他同水手和见习水手们一起住在底舱，同吃同劳动，是数千名"无名小卒"中的普通一兵。在远征作战中，成千上万的士兵阵亡了，但麦哲伦作为一个幸运者生存下来了。命运使他接下来成为举世闻名的航海家，从而名扬天下。

麦哲伦蓄着硬撅撅的大胡子，目光锐利逼人，生性冷漠，性格倔犟刚毅，寡言少语。在这次远征中作为一名普通士兵，他没有得到任何特殊礼遇。什么活儿都派他干，暴风雨时，他得缩帆、排水；风和日丽的天气，他又要张帆、测定风向；今天被派去攻打城镇，明天让他顶着烈日在要塞工地上挖沙子。他是一个好劳动力，搬运货物，看守商店，他都勤勤恳恳，任劳任怨；在海上和陆地上作战，他也很机智，勇敢，不怕牺牲。

　　在这次远征中，麦哲伦学会了灵巧地使用测深锤和长剑，学会了服从命令和传达指示，还学会了使用航海罗盘，辨别航向。他无所不干，逐渐熟悉了他所从事的那些工作。他善于观察和思考，终于成了这艘舰船上的多面手。他既是军人、水手、商人，又是熟知各类人物、各个地区、海洋和星座的专家。对于年轻的麦哲伦来说，这支舰队已成为培养这个伟大航海家的学校了，为他后来的环球航行奠定了良好的基础。

　　1505年的这次远征，拥有如此庞大的舰队，它肩负着两大使命：第一是彻底征服东方，其中包括印度、埃及、苏丹等国。国王赋予阿尔麦达船长的使命：将印度和非洲所有伊斯兰教的商业城市夷为平地，并在每个据点建立堡垒，设防驻军。要在所有的商业枢纽地区站稳脚跟，封闭从直布罗陀到新加坡的一切海峡，禁止别国船只通商。国王的谕令还指出，要消灭埃及、苏丹和印度国王的海上力量。严格控制所有海港，从公元1505年夏季开始，那些不悬挂葡萄牙国旗的舰船，不准运载一粒香料。第二是宗教使命：要在所有占领地区传播基督教，让上帝去统治那个世界。

三次负伤

葡萄牙的侵略扩张，早已使印度、埃及、苏丹等国家的利益受到了威胁，舰船不敢离港出海，商船队不敢驶往威尼斯的里阿利托岛。这些国家因此丧失了贸易税的收入，经费十分紧张，工业发展停滞不前。于是印度君王卡利库特，在埃及、苏丹和威尼斯共和国的支持下，准备在葡萄牙人尚未在印度站稳脚跟的时候，给予致命的打击。

1506年3月16日，这天，200艘印度军舰一起出发，去攻击11艘（暴风雨期间有9艘船与舰队失散）葡萄牙军舰，但因为印方走漏了风声，葡萄军有了准备，结果葡萄牙人虽然有80人阵亡，200人受伤，但还是取得了这次战斗的胜利。这次胜利给印度、埃及、苏丹等国当头一棒，巩固了葡萄牙对整个印度海岸的政治权力。

在葡萄牙的200名伤员中就有麦哲伦。他和其他伤员一起被转移到非洲，经过一段时间的治疗之后，他的伤势有了好转，便又被派到东非海岸索法拉城执勤去了。当时这座城市是个很不出名、又脏又乱的小城市。阿拉伯商人在这里买卖胡椒、象牙和黑奴。葡萄牙征服者想把这个地方变成通往印度的基地。麦哲伦在这里一边参加修筑炮台，一边搜集有关通往非洲内地的商道、金矿矿山和土王、酋长的军事情报。

麦哲伦在索法拉住了一段时间，于1507年被派遣护送香料运输队回国，回国后住在首都里斯本。他经过这次远征，看到了外面的世界。他初次觉得葡萄牙并不值得留恋，而渴望参加下一次登上去印度的舰队，参加探险世界的远征。

1508年，麦哲伦被召回马勒巴海岸的柯钦城。1509年2月，葡萄牙在印度西部第乌附近，与土耳其、阿拉伯和印度的联合舰队展开了激烈的战斗。麦哲伦在战斗中又一次负伤。这次战斗仍是葡萄牙取得了胜利，并且封锁了从红海通向东方的老路，从而确立了葡萄牙在亚洲南部海岸上的霸权。

当年8月，一支由80人组成的葡萄牙武装船队向东扩张。麦哲伦和他的好友法兰西斯库·谢兰参加的武装船队进入马六甲港。1509年9月11日，葡萄牙人的舰队首次驶近马六甲港。他们从远处看到，这个港内停泊的船只比世界上任何地方的船只都多。白色的、彩色的、马来西亚的、中国的、暹罗的，大大小小，各式各样的船只，帆挨帆，船靠船地停在宽阔的碇泊场上，把一个宏大的碇泊场挤得水泄不通。好像在水上新筑起的繁华街市一样，热闹非凡。当时的马六甲已是亚洲南部的一个重要商港了。中国人、印度人、波斯人、阿拉伯人和爪哇人都来这里经商。中国的丝绸、瓷器、印度的棉布、波斯的地毯、威尼斯的玻璃、大马士革和哈拉的锦缎都经过这里集散。

葡萄牙人进入马六甲后，这里的和平贸易遭到了破坏。各国商人，特别是阿拉伯商人，从他们的利益出发对葡萄牙的侵略行为大为不满。但葡萄牙4艘舰船上的重炮，默不作声，虎视眈眈地注视着这些"东方的钻石城"。因此，东方国家也都知道这些白人强盗杀人不眨眼，根本无法抵抗，只好装作热情以便寻找出一条以弱胜强的办法来。

一次，苏丹极其热情地接待了新任船长谢凯拉的使者，并让接待人员表示：葡萄牙人是深受欢迎的客人，可以在港内经商，还下令给客人弄来胡椒和香料，请船长进宫赴宴。海员们可以在城里尽情娱乐。于是海员们在街上闲逛，在茶馆和酒店里高谈阔论。葡萄牙的水手、官兵们便非常放心地享受着异国他乡的温存和妩媚，官兵们的心都陶醉了。正在此时，数百名马来西亚人，乘着小快艇给葡萄牙军舰送食物。苏丹通知葡萄牙人，大批胡椒和香料已准备好了，让他们派小艇靠岸装货。因此葡萄牙大船上的许多小艇和大部分船员登岸来取货。只因船长谢凯拉是葡萄牙的贵族，认为做买卖有损尊严，便留在船上和一名同事下棋，此时4艘船上一片寂静。这种奇怪的气氛引起了小帆船长加尔西阿德·苏萨的警觉，他看到海面上马来西亚小船越来越多，在4艘船只周围乱窜，那些赤身裸体的马来西亚人借口往船上送货物，便顺软梯爬上了舰船。苏丹人同时从水旱两路向葡萄牙舰船进攻了。

快艇上的苏萨船长见形势不妙，便命令身边的船员麦哲伦，去报告领队谢凯拉。麦哲伦拼命划桨，驾舟急驶，登上了旗舰，看见船长正在无忧无虑地下棋。几个马来西亚人腰带匕首站在一旁观棋，于是他机灵地把船长叫了出来，悄悄地把情况作了报告。谢凯拉船长也是久经沙场的老将，狡猾奸诈，装作若无其事的样子，继续下棋，只吩咐一名水手爬上桅楼，监视岸上的动静。

过了一会儿，苏丹宫廷上空升起了一股黑烟，这是从水陆两路发动进攻的信号。信号被桅楼上的水手发现后，立即发出了警报。船长谢凯拉一跃而起，未等马来西亚人动手，便把这些舰船上的马来西亚人捆绑起来，抛进了大海。水兵吹起了集合号，船员立即在甲板上集合。谢凯拉拔锚起航，把枪口对准四面八方急驶而来的马来西亚小艇。一阵猛烈的射击，把追击者打得转向逃窜了。

派到岸上去的葡萄牙水兵，因为人数不多，手无寸铁，而且分散，无力抵抗苏丹人的枪弹拳头，大多数被当场击毙。只有少数人逃到岸边，但小艇已被抢走，切断了他们返回大船的归路，由于寡不敌众，都相继阵亡了。只有一个最勇敢的水兵孤军奋战，冲出层层包围，挂了彩，被麦哲伦与另一名战士驾驶的小艇接走了，幸免于死。

在这场激烈的战斗中，葡萄牙惨遭失败，终于被赶跑了。但参加战斗的麦哲伦和谢兰，由于机警和镇定而幸免于难。离开马六甲后，麦哲伦和好友谢兰回到了柯钦。

1510年，葡萄牙侵略者由新的总督阿布克尔克率军，对柯钦以北的卡利库特城发动了突然的袭击。但攻城失败了。在战斗中麦哲伦第三次受了伤，这次伤势很重，离开了战场，撤到后方养伤。

麦哲伦因为在侵略印度的战斗中已经三次负伤了，他决定远离印度回国。他平时纳于言辞，很有耐性，能忍受长时期的考验，接受长时期的冷酷折磨。经历了科那诺尔大捷、马六甲惨败，他逐渐地成熟了，也老练了。

遇险之后

1510年春天，麦哲伦奉命护送香料船队回国时，不料船只在巴杜思沙放触礁。在4艘船中，有3艘船被珊瑚礁撞得粉碎，沉没海中。麦哲伦乘坐的那条船也沉没了，幸好无一人死亡。还剩下一只小船，但装不下4艘船上的所有船员，全部船队人员被困留在一个狭小的荒凉沙岛上，坐以待毙。船长、军官和贵族们私下打算抛弃水手、士兵和船员，乘坐唯一的小船离开荒岛。当水手们知道这个消息后，怒不可遏，一场危险的冲突即将发生。正在这千钧一发之际，平素默不作声的、出生贵族的麦哲伦当众宣称：如果船长、军官和贵族们以人格作担保，回国登岸后立即另派船只接应所有遇难人员，我准备同水手们一起留在沙岛上等待接应船只。船长、军官们答应了他们的请求。小舟扬帆逐渐在海面上消失了。而麦哲伦和海员们在沙岛上煎熬了许多个日日夜夜，克服了缺乏淡水、粮食的困难，忍受着烈日与高温，终于盼来了救援的船只，回到了里斯本。

这次高尚而果敢的行为，第一次引起了最高当局的重视和关注，当时只是一个"无名小卒"的麦哲伦，竟被国王多次表扬，后来不久，又被国王提拔为军官，随后又被提升为船长。此后麦哲伦便跟随达尔布克基的舰队出海航行，为谢凯拉在马六甲的惨败报仇雪耻。1510年，他参加了征服果阿的战争；1511年，第二次参加了对马六甲的远征，战斗历时6周，最后，达尔布克基击败了苏丹的顽抗。葡萄牙侵占马六甲之后，控制了整个东方世界，切断了伊斯兰贸易的主要交通命脉，使伊斯兰教和商业一蹶不振。从此，从直布罗陀到新加坡的所有海峡，都归葡萄牙一国所有。伊斯兰教受到了最严重的打击。这个事件轰动了全欧洲，也震动了日本和中国。因为他们把半个地球从伊斯兰教手中掠了过去，献给了基督教的统治，基督教为之狂喜。在世界基督教的中心罗马城，还举行了庆典活动，其隆重程度是空前的。

葡萄牙人夺取马六甲，并不是最终目的，他们又向"香料群岛"（即马鲁古群岛）进军了。探险队装备了3只舰船，麦哲伦的好友谢兰随舰队到了这绿叶婆娑的群岛。他们在返回马六甲的途中，谢兰指挥的那艘船触礁毁了，船员幸免一死，但船上物品全部损失殆尽。幸而谢兰施展了巧计，夺得一艘海盗船，当即乘船回到干那底岛。这次遇险使谢兰对血腥的战争感到厌倦了。他决定脱离舰队，在岛上过那种安逸、欢乐的田园生活。

谢兰的这段奇特的经历，对后来麦哲伦的环球航行有着深远的影响。在葡萄牙血腥的侵略战争史上，也有赏心悦目，独具和平色彩的镜头。

而麦哲伦与好友谢兰告别之后，于1512年和1513年初，去了苏门答腊、爪哇、马都拉、西里伯斯（苏拉威西岛的旧称）、布鲁、安汶和班达群岛等地进行探索和游历。麦哲伦虽然没有到过谢兰所在的干那底岛，但与谢兰通过书信，对群岛的富庶，盛产香料等知道得很多。当他得知岛的四周是一片汪洋大海时，就联想起哥伦布从欧洲西航发现了这一片土地。他相信地圆学说，对于他拟订将来的航海计划是很重要的。

1513年，麦哲伦终于回到葡萄牙的首都里斯本。麦哲伦在东方服役达8年之久，而财富和官阶对他无缘，他带回祖国的全部财产只有在马六甲买的一个马来西亚奴仆——亨利。葡萄牙的兴盛，里斯本的繁华，无一不是远航参战的将士们流汗流血和牺牲换来的，其中也包含了麦哲伦的三次流血负伤和千百次的含辛茹苦。

解除官职

葡萄牙的统治者同西班牙的统治者一样，对那些在侵略扩张中的有功之臣毫无感激之情。统治者如此傲慢的态度，令英雄们瞠目。意大利航海家哥伦布是戴着手铐回塞维利亚的；科尔持斯（1485—1547）曾为西班牙统治者占领了墨西哥，虽无过失，也失宠被黜；皮萨罗（1478—1541）曾为西班牙统治者占领过秘鲁，稍有不慎，即惨遭杀害。发现太平洋的巴若菩亚竟被斩首示众。为西班牙国王掠夺珠宝的士兵和水手们也在回的斯和塞维利亚海港城内沿街乞讨。他们满身虱子，无家可归，有的成了残废，有的受着疾病的折磨……

麦哲伦参加了科那诺尔战役、马六甲战役，攻打卡利库特城，曾三次负伤，战斗中英勇果敢，为葡萄牙的利益，曾多次不顾个人生命的安危，赴汤蹈火，视死如归。但回国后连一个像样的职业都没有，生活没有保障。他曾希望从王宫那里得到应有的报酬，但是得到的却是冷淡的回答："您离开得太久了，陛下已经记不得您，不认识您了。"

这样的冷落使麦哲伦心灰意冷。但由于他是贵族出身，早已被列入宫廷领取国王俸禄的名册，被编入最后一级，每月可得到1 000瑞斯（葡萄牙钱名）的恩赐。一个月后，又晋升了一级，按侍从武官的官衔领取1 850瑞斯，不过这也是他长期争取的结果。现在他虽然被委任为侍从武官，但整天待在宫中无事可干，没有任何权利和具体任务。自尊心很强的麦哲伦，不愿无所事事，坐享这点极微薄的薪俸。他打算重返军界大干一番。

麦哲伦等待机会，等待实现重返军界的愿望已经整整一年了。1513夏天，国王伊曼纽尔开始装备了一支庞大的军事探险队去征讨摩洛哥。麦哲伦立即请示参加探险队，要求被批准了。在这支军事探险队里，他仍然是一名低级军官，没有官衔，一切听命于上司。因为麦哲伦三次负伤，左腿不能弯曲，走路有些跛，所以上级命令他和另一个伤员充当押解军官，负责护送从摩尔人那里掠获来的大群马匹和其他战利品。就在这时，一桩诬陷案发生了：一天夜里，牲口群中的绵羊丢失了十几只，有人说他把绵羊卖给了摩尔人。性格直爽、刚正不阿的麦哲伦听不得别人的半点诽谤，他绝不是温顺可欺，任人诬陷的人。还在别人来向他提出公开指控时，他就离开军队回葡萄牙了。

麦哲伦回到里斯本后，立即请求觐见国王。觐见的目的不是为了洗雪自己，而是要求国王论功行赏，获得高官厚禄。由此可见，在丢失牲口的问题上，他丝毫没有感到有任何过失。他没有听到有人追查此事，也没有人敢站出来诬蔑一个劳苦功高的战士。相反一些麦哲伦的上司却证明自己是白璧无瑕，光荣离职的。另外，麦哲伦还收集到各种各样的文件，证实他无罪，有功，应该给予奖赏。

当事情弄得水落石出后，麦哲伦怀着急切而悲痛的心情返回里斯本。但理智提醒他，不能立即去觐见国王，不能旧事重提，使陛下不愉快。于是，他采取了在宫廷中广交朋友的办法，取得大家的信任和支持。当然曲意奉承，诡谲狡诈，与麦哲伦的性格是格格不入的，这种事他是绝不会干的。麦哲伦虽然希望广交朋友，但却不善于交往，而喜欢深居独处。因此，他给人的印象是冷若冰霜，不易接近，连他最忠实的同伴比加费德都不得不承认这一切。军官们不愿意接近他。他这种固执的沉默，大家自然感到他有一种不同一般人的功名心，它比那些公开追求名利，在官场上互相倾轧者的功名心更令人可怕。

这一次麦哲伦独自一人去觐见国王。国王伊曼纽尔接见麦哲伦的地方，正好是在国王茹安二世拒绝哥伦布航海生活费计划的大殿内。就在这同一地点，发生了同样具有历史意义的事件。因为这位其貌不扬，个子矮小，一脸大胡子的麦哲伦，他的雄心大志，并不亚于那个外来的热那亚人——哥伦布（意大利人）。麦哲伦皱着双眉向国王躬身施礼，但没有一会儿，便被国王打发出动了。当时的史料记载说："麦哲伦一颠一瘸地走到国王跟前，躬身送上一叠呈文。这些材料无可反驳地证实对他的那些指责全是无中生有。接着他提出自己的第一个请求：由于三次受伤失去战斗力，所以，请求国王给予增加月薪——增加半个克鲁萨多（约为现在的一个英国先令）。他要求增加的钱数简直少得可怜。但这个要求不但是为了半个克鲁萨多，而是为了提高他的社会地位和尊严。"

在宫廷里，贵族的官职等级决定了领取多少月薪和退休金。麦哲伦此时虽年方35岁，但多次参加过印度的战斗和摩洛哥的战斗，不愿居于那些侍从国王的人之下。

国王面色阴沉，不肯给麦哲伦任何一点小恩惠。但麦哲伦不动声色地站在国王面前，陈述来觐见国王的本意。他希望国王能在王室给他谋得一官半职。

国王冷冷地回答："现在没有你的职位，将来也不会有你的职位。"

麦哲伦的第二个请求遭到国王的拒绝。后来他又向国王提出第三个请求说："如果别的国家为我提供优厚的条件，出国任职，你是否会加以怪罪。"

国王很不高兴地回答："只要有人要你，不管什么地方，什么国度，你都可以去任职。"

国王还告诉麦哲伦说："葡萄牙宫廷根本不需要你效劳出力，不过宫廷以宽大为怀，今后仍将保留你微薄的薪俸，如果你离开宫廷和葡萄牙，谁也不会介意。"

国王断然拒绝了麦哲伦的三个请求，使他想为祖国效力的赤诚之心，要用鲜血和生命为祖国服务的愿望受到了打击。他的心陡然间发生了巨大的变化，在他被国王赶出宫廷的瞬间，他恍然大悟了，对葡萄牙统治者的认识更深刻了，为祖国效劳的理想完全破灭了。

被赶出宫廷后的麦哲伦，陷入久久的沉思之中。他活了35岁，当过海员和士兵，航海，打仗无所畏惧，曾经环绕好望角航行4次（由东向西两次，由西向东两次）。在多次的战斗中，敌人的刺刀曾多次刺进他的身体。他在航海中积累了很多知识，特别是对东方各国的了解，比当时著名的地理学家和制图学家都熟悉。将近10年的经验，使他成了各种军事技术的专家。他会击剑、打枪、掌舵、使用指南针，会划船和投掷测深锤，会使用各种航海仪器，观测天相不亚于任何一个"天文学家"。过去，无论酷暑或是严寒，他都出色地为祖国的繁荣效劳，而今却落得个赶出宫廷，解除职务的结局。然而，他想这样更好，如今自由了，一番极其伟大的事业可以从此起步。至此，他沉默的心境闪现出了一线光亮，走自己的路吧！

重振旗鼓

1515年至1516年，麦哲伦迁到奥波尔托居住。每天他闲来无事，常同那些到过南方海洋的水手、海员和船长们促膝交谈，经常出没于档案室，翻阅所有库存的最秘密的海岸图，罗盘地图。最近又数次查阅巴西的测程记事和航海日志等资料。看得出来，他将重振旗鼓。

麦哲伦新结识了一位名叫路易·法利罗的朋友。从性格来看，法利罗与麦哲伦的孤僻、沉默寡言截然不同，但他们两人很快结成了莫逆之交。由于麦哲伦的最大癖好是游历神秘莫测的海洋，实地勘查世界各地；而法利罗则热衷于探讨有关地球和天体的抽象知识，是个地道的理论家，十足的书生。因此可以说，他们两人结为好友，实际上是一个实干家同一个理论家的结合，在知识上可以互补。这种互相补充，犹如抽象思维补充实践知识，思想意识成为行动的指南，相得益彰，在事业上可以产生良好的效果。

麦哲伦把东方"香料群岛"（马鲁古群岛）的情况告诉了法利罗，并同他商量：怎样通过新线路，怎样从西方，而不是从东方直抵群岛。法利罗从理论上研究了麦哲伦的新航行路线，还根据海图查对过的资料，以证实麦哲伦的设想是正确的。于是，他们开始研究方案，并同心协力付诸实施。

1542年以来，从欧洲无论向西或向东航行，都显示着地图学说的正确性，麦哲伦密切注意着这些发现。其中他特别重视列什波亚关于海峡的发现，以及贝格依姆的地图上明明白白画着的海峡位置（尽管古来航行证明这个海峡只是深入陆地的圣马提阿斯湾。地图把海峡的位置画在北边了），这使得麦哲伦下定向西航行的决心，也增强了航行必定胜利的信心。就在此时，麦哲伦突然满怀信心地宣称："大西洋和太平洋之间有一个海峡，我对此深信不疑，而且我还知道它的位置。请给我一支舰队，我将告诉你们海峡在哪里，并且我要从西到东环绕整个地球一周。"

在这之前，麦哲伦没有找到过海峡，关于海峡的情况他是从国王的秘密档案库里，从贝格依姆绘制的地图上看到的。据资料证实，在16世纪初，确实有几支葡萄牙探险队勘查了巴西海岸，还可能勘查过阿根廷海岸，只有他们可能见过海峡。但是长期以来，各国由于商业竞争关系，都不愿泄露探险成果。麦哲伦在查阅资料时，还发现了一本用劣等纸张印刷的"德国"小册子，名叫"巴西大陆新闻副本"，这是16世纪初奥格斯堡最大的维利泽尔商行的一个葡萄牙代理人，从葡萄牙寄来的。报告中说：

有一艘葡萄牙船在南纬40°左右发现并绕过了一个"类似好望角"的海岬，还说海岬那边有一条横贯东西的宽阔海峡，很像直布罗陀，由一个海伸向另一个海，因此去"香料群岛"再没有比这条航路更近便的了。

这份报告明确地提出了大西洋和太平洋之间是彼此相连的。事实说明：后来麦哲伦环球航行的成功，与他在准备阶段充分利用前人留下的资料是分不开的。

麦哲伦的航行计划，是绕过美洲，再向西渡过"大南海"（太平洋），驶向摩鹿加群岛，在拟定计划的时候，法利罗也热心参加了工作。为了推算距离，他们努力研究地球的经度，他们把马六甲与摩鹿加群岛之间的距离往长估了一些，而相对低估了"大南海"的宽度。这给后来的航行带来了一定的麻烦。

在拟定计划的时候，麦哲伦给居留在干那底岛（香料群岛中的一个小岛）的老朋友谢兰去信说：

"不久，我又可以和你见面了，如果不取道葡萄牙人所探得的路程，便取道'西班牙人'探得的道路，而我的事业实有向那面出发的必要哩。"

这里可以看出，麦哲伦环球航行的愿望十分迫切了。

好事多磨

在当时要实施一个庞大的远洋探险计划，没有国家的支持是很难得以实现的。麦哲伦决定随身带去里斯本国王宝库里的珍贵资料，向西班牙国王提供航海情报，同时报告经法利罗计算的"香料群岛"，不属于葡萄牙管辖范围，而是在教皇划归西班牙版图的消息，说明"香料群岛"是属于西班牙的财产。这样，麦哲伦把世界上最富饶的群岛和通往该岛的最短的航路资料，呈献给西班牙国王查理五世，这就是远洋探险计划容易获得西班牙国王支持的原因。

麦哲伦自愿加入西班牙国籍，为别国服役，甚至改名换姓（由费迪南德·麦哲伦扬什，改名为费迪南德·麦哲利扬涅斯），这将是多么昂贵的代价啊！然而为了实现伟大的理想和一生的抱负，又何乐而不为呢？何况历史上远航探险家哥伦布、卡博特、卡达英斯塔和维斯普奇也有类似之举。

麦哲伦的等待、忍耐、思索已告结束。经过一阵阵痛苦之后，一个伟大的行动终于产生了。1517年10月20日，他把胆怯的伙伴法利罗暂时留在葡萄牙，便和跟随他多年而形影不离的奴仆亨利，一起来到了西班牙的塞维利亚。12月中旬法利罗也来到了这里。

塞维利亚城位于西班牙南部的达儿微河畔，是一座繁华而美丽的海港城市，建筑宏伟，街道整洁，人口不多，是通往新印度的门户，大多数西行的船只，都是从瓜达尔基维尔河两岸出发。这里商人、船长、经纪人和代理人云集。因此，国王下令在塞维利亚设立了专门的"商务院"、"印度院"负责内藏商人和航海家的所有报告、地形图和札记。"商务院"（Casa de contratacion，建立于1503年），接待来往旅客。"印度院"既是商品交易所，又是船只经营处。凡是探险者打算悬挂西班牙国旗进行新的探险，就必须先取得"印度院"的允许和支持。

由于塞维利亚城靠近葡萄牙，所以有不少葡萄牙人移居这里。其中要塞司令迪奥古·巴尔波查一家就是从葡萄牙移居这里的侨民。巴尔波查已担任要塞司令职务14年了。此人是最受全城尊敬的人，是圣地亚哥勋章的获得者。他对这个新来乍到的葡萄牙航海家，接待十分热情。早年，巴尔波查曾在印度洋航行过，这可能是与麦哲伦一见如故的重要原因。他儿子杜亚脱·巴尔波查继承了父亲的事业，遍游印度、波斯和马来西亚水域，写过一本记述东方国家的书籍——《杜亚脱·巴尔波查文集》，后来成为麦哲伦航海探险的成员之一。

巴尔波查热情好客，请麦哲伦住在家里。不久，他的女儿俾脱利兹对这个37岁的麦哲伦表示了爱慕之情。1518年两位有情人终成了眷属。从而使麦哲伦在塞维利亚得到了地位和靠山。他虽然在葡萄牙失去了一切公民的权利，失去了宫廷的微薄薪水，但如今在西班牙却得到了更多的补偿。他有巴尔波查的关心和支持，又有妻子的陪嫁，现在可以毫不犹豫地跨进"印度院"的大门了。

一个人的成功，往往来自于自身的坚持与智慧，加上多方面的努力与求得周围人们的支持。麦哲伦自从来到西班牙筹备远航探险以来，通过各方求助，取得了辉煌的胜利。他找到了一个支持他事业而且温柔的妻子，结识了许多支持他的朋友，遇到了些可以保护他的大人物，得到了国王的信任。

麦哲伦与好友法利罗得到"印度院"主管胡安德·阿朗大的推荐，在西班牙北部法拉多利城（当时西班牙王宫所在地）觐见国王。当时的西班牙国王是出生于德国神圣罗马帝国哈有斯堡家族的查理一世。稍后，查理一世又当选为德国神圣罗马帝国的皇帝，号称查理五世。除德国、西班牙外，查理在西欧还有领地，他的权势是相当大的。

1518年3月18日，查理国王接见了麦哲伦。麦哲伦向国王呈献了绘制得相当详尽的彩色地球仪，上面还标出了他拟完成的航线，并向国王保证，不侵犯葡萄牙国王的领土或海洋，在"新大陆"南端找寻通向"香料群岛"的海峡，最后到达生产东方香料的岛屿——"香料群岛"。

麦哲伦的远航探险计划很快得到了查理五世的赞同。王宫里的许多大人物，例如：大主教方萨加等，也尽力支持。由于当时西班牙海外远征事业的规定：必须由国王和私人合股经验。所以，一个庞大的远洋探险计划必须经国王和私人签署协定后才能生效。

1518年3月22日，查理五世和麦哲伦、法利罗签署了协定。这份文件是这样开头的：

"鉴于你们，葡萄牙王国公民、骑士费迪南德·麦哲利扬什和葡萄牙王国公民、学士路易·法利罗，自愿为我国效劳，在我们管辖之海域内服役，为此，特同你们签署如下协定。"

协定用宫廷行为中惯用的辞藻和语言，详细写道：

"尔等应在划归我们管辖的范围之内，竭力发现新海域，如若尔等前往该地探险，届时另有其他人染指其间，致使尔等蒙受损失，此乃不义之举，朕绝不允许，为此特颁布指令如下：今后十年之内，任何人不得沿同一航路前去开拓尔等选定的地域。如若有人拟操此业，请示国王批准，则必于应诺之前，事先通告尔等。尔等可与其他开拓者一样，在同一时期使用同样装备的同等数量之船舰，独自完成大业。"

协定规定：授予麦哲伦和法利罗担任将来在航海中所发现的一切地域和岛屿的总督的职务，并可传给子孙，把所发现地区内的全部收入（包括利润和捐税等）的二十分之一留给他们。协定中还规定，如果将来发现的岛屿超过六个时，麦哲伦和法利罗就有权在这六个以后，所发现的岛屿中选两个，获得当地全部收入的十五分之一。这就是说，发现的土地越多，发现者的好处也就越多。

国王答应装备五艘议定吨位的船只，两年内保证充分供应船只所需的全体船员、粮食和火炮。这一具有历史意义的文件，以下面的庄严语句结束："关于上述各项，我以自己的荣誉和国王的觐见担保，我将下令按照本文所述严格履行每一条款，因此特命令制定此协议书，并由我亲自签字。"

此外，还颁发了一项特别指令，下达到西班牙各级政府机关和官员，将协定通知他们，以便在各方面给麦哲伦和法利罗以交代。

协定签署以后，年轻的查理五世国王催促早日装备好舰船，尽早出发。他每周都要过问进程，只要准备工作遇到障碍，他就下谕令，排队阻难。在国王陛下的关照下，麦哲伦被封为海军上将，圣地亚哥勋章（宗教骑士勋章，设立于12世纪，获此勋章的骑士曾参加过同摩尔人的战争）的获得者。从此，他握有生杀大权，成为舰队的统帅。

组建船队

麦哲伦和查理五世国王签署协定以后，远航的准备工作便开始了。但是麦哲伦要完成组建船队，即卷土重来组建5艘船只的舰队，招募船员、准备粮食、淡水、枪炮弹药及一切用品，任务是艰巨的，而且这些工作都是陌生的，是从来没有做过的事情。同时，准备工作还遭到了来自葡萄牙方面的破坏。

麦哲伦的远航探险计划，当得到西班牙国王赞助，得到国王赏识的消息时，很快被葡萄牙的奸细探听到了。葡萄牙国王伊曼纽尔一方面担心本国的海外利益受损；另一方面出于嫉妒麦哲伦出逃，为西班牙服役。因此，立即密令葡萄牙驻塞维利亚领事阿尔瓦利什，千方百计破坏这个计划的实施。

阿尔瓦利什首先对麦哲伦软硬兼施，实行威胁和利诱。他声称：为别国国王效劳，这在上帝和本民族国王面前是有罪过的，伊曼纽尔国王正准备同查理五世的妹妹埃列奥诺拉结婚，如果国王受损失，婚姻告吹，又该当何罪。如果麦哲伦能回心转意，重新回葡萄牙，为伊曼纽尔国王效劳，国王将不计前嫌，封官加赏。后来，阿尔瓦利什给国王伊曼纽尔写信汇报说："我曾经向他（指麦哲伦）明示：他的前途困难重重，所以最聪明的办法莫过于他回到故乡，在他可望的殿下恩泽的荫庇下度日。"

但是麦哲伦早就知道，伊曼纽尔国王对他并无好感，回国后等待他的将是暗杀和罪过。于是麦哲伦彬彬有礼地婉言谢绝说："现在为时已晚，我已经同西班牙国王签署协定了，所以，必须履行诺言。"

葡萄牙的奸细一计不成又生一计：纠缠西班牙国王破坏协定，拖延舰队出海时间。葡萄牙公使向西班牙国王建议，探险事宜推迟一年。陛下识破了这个阴谋，严厉地拒绝了。阿尔瓦利什写给葡萄牙国王的信中说："……我十分坚决地同西班牙国王谈过此事……并向他指出，如果一位国王不顾另一位友邻国王的明显意愿，接收其臣民为自己效劳，这无异是一种极不体面的，而且应当受到指责的行为。我还提请他注意，现在不是触犯陛下的时刻，况且是因为这样一桩没有多少把握的小事。他本国有足够的臣民和人手，随时均可出海探险，无须求助于不满陛下的人来效力。我还向他介绍了这两人曾请求回国，但未获葡萄牙政府许可。陛下得知此事大为恼怒，最后，鉴于他本人和陛下的利益，我请他在二者之间任选其一，或者允许两人返回祖国，若者将其探险事宜推迟一年。"

这一着失败后，便开始直接破坏远航准备工作了。阿尔瓦利什开始用大量的金钱贿赂各方人士，给远航探险队的食物储备带来困难，他们唆使敌对分子给舰队装载了不少发霉的面粉、食糖和发臭的咸牛肉等。在招募海员问题上，他们也大动手脚，安排敌对分子上船，组成舰队的人员共265人，其中西班牙100多人，葡萄牙人37人，意大利人30人，此外还有德、法、英等6—7个国家的人。人员比较复杂，他们在葡萄牙人中安排了奸细，并想阴谋暗杀麦哲伦。

由于葡萄牙奸细的破坏，西班牙官府也给麦哲伦制造了不少困难。他们提供5艘远航舰船都是破旧船只，需要大力维修才能出海，而且服务年限较长。这种情况使阿尔瓦利什暗自高兴，在他写给葡萄牙国王的信中说："船只非常破旧，而且布满补丁。就是到加那利群岛，我也不敢乘这些船，因为船舷已经腐朽，很不结实。"

但是，麦哲伦认为：船破不要紧，识途的却是老马。即使是最坏的船，只要经过精心的修整，也能成为好船。

西班牙的财神爷们，虽然在金钱和物质上给予了大力帮助，然而，这些帮助也是有条件的。为了监督和牵制麦哲伦，他们派了心腹在舰队里担任"稽查员"、"财务官",甚至担任船队的主舵手,使麦哲伦对于远航探险队的领导权受到限制。

1519年8月,远航探险队的准备工作终于就绪了,全体人员待命起航。

远航探险队由5只舰船组成,每条船上都备有枪炮火器和小艇。这5只兵舰分别是"特里尼达"号,为船身最坚固的旗舰,载重量为110吨;"圣安东尼奥"号,载重量最大,为120吨;"康塞普逊"号,载重量90吨;"维多利亚"号,载重量85吨;"圣地亚哥"号,载重量75吨。

麦哲伦乘坐的"特里尼达"号是旗舰,即统帅其他4艘兵舰的船。5只兵舰的主要负责人最后确定是船队总舵手,也是旗舰"特里尼达"号的舵手歌朱什。"圣安东尼奥"号先由卡尔塔海纳指挥,后来,由麦斯基塔指挥。"康塞普逊"号由凯萨达指挥。"维多利亚"号和"圣地亚哥"号的船长分别由缅多萨和茹安·谢兰担任。

在265名海员中,有葡萄牙的奸细,西班牙国王和天主教方萨加的走狗,他们处处监视麦哲伦的行动。在那些主要负责人当中,后来有不少变成了叛徒或逃兵。海员中也有麦哲伦的内弟杜亚脱·巴尔波查,和来自意大利的贵族比加费德,他们是忠于麦哲伦的核心人物。远航中比加费德作了相当详尽的记载,成为后人得知麦哲伦事迹的主要材料。麦哲伦的好友法利罗,由于胆小缺乏勇气,而没有参加这次航行，这对麦哲伦来说，失去了一个很好的助手和参谋。

　　船上所带的食品，主要是面包干。储备物品的数量是相当可观的。足够265人吃两年。5艘船只总共载重量为500—600吨（当时10吨等于现在11吨）、大米、面粉、菜豆和扁豆，堆积如山，另外还有5 700英镑腌肉，200桶沙丁鱼、984块干酪、450捆葱蒜；此外，还有各种可口食品，例如：686千克蜂蜜、1 451千克葡萄干和扁桃仁，大量的白糖、醋和芥末。临行前最后一分钟还把7头活乳牛赶上了船，这样船员们在最初阶段不仅有鲜奶喝，有鲜肉吃，为使船员们保持良好的精神状态，麦哲伦下令在赫雷斯购买了470皮囊和252桶最高级的葡萄酒，可以保证每个船员午餐和晚餐喝一杯葡萄酒，从理论上计算够用两年。

　　此外，还考虑到在长期的航行中，暴风会把船帆撕碎、扯断缆绳，海水腐蚀木料，锈蚀铁器，太阳防晒油，夜里耗费的灯油和蜡烛，以及船上的各个零件——锚、木料、铁、铅、备用的桅杆，制作新帆用的粗麻布，都一一备齐。此外，还有数十个鱼漂，几千个鱼钩和许多渔网，以便在途中捕鱼用。

　　航海用的各种仪器也有储备、罗盘、沙漏计时器、星盘，比重秤和星座一览图，还为官员们准备了15本崭新的簿册。药箱里装满了药物、理发的工具、对叛乱分子用的手铐、脚镣、娱乐用的小提琴，以及5个大鼓，200个铃鼓、横笛、风笛……总之，按照人们日常生活和娱乐用的用品，以及航海的必须用品，都准备齐全，万无一失。

麦哲伦在印度时，就熟悉土著民族的质朴兴趣，他知道有两件货物是深受土著人青睐的：一是镜子，因为那些黑皮肤或黄皮肤的土著人，当第一次在镜子里看到自己的容颜时，总是那么惊奇，于是镜子成为一种宝物；二是铃铛和装饰品，它能引起孩子们和妇女们的极大兴趣。探险队携带了900多面小镜子，10多面大镜子，两万多件铃铛和玩具，400打德国造的小刀，50打剪刀。此外还携带了一些花花绿绿的头巾、红帽子、铜手镯、假珠宝首饰；船上还装载有相当数量的土耳其服装，颜色鲜艳的传统女装、丝绒品、毛织品等，这是为了应付特别机遇时用的。这些物品在西班牙价钱便宜，但在那些土著人看来，这就好像宝贝一样，可以换得香料，得以很高的价钱出卖。

船队为了对付土著人，作了和平交易和诉诸武力两手准备，所以船上除了上述用来作和平物品以外，还有58门大炮，7门长筒鹰炮，3门学生的臼炮炮，虎视眈眈地探出炮口。船内装有大量的铁质炮弹和石质炮弹，还有制造弹丸的原料——铅。此外，还有数千支长矛，200支长枪和200个盾牌；另外，有一半以上的船员备有钢盔和铠甲。为海军上将本人还专门制作了两副铠甲，可以从头到脚武装起来，以便在土著人面前显威风。

留下遗嘱

　　麦哲伦也是一个细心和谨慎的人。他在检查完各种装备、弹药武器、粮食、食品之后，再来看一看全体船员的情况。当他看到各种肤色、穿着各种服装的船员时，他联想到这批船员实在来之不易。差不多都是从茶馆、酒店、大街小巷里招募来的。船员中语言杂乱，有讲西班牙语、意大利语、法语、德语、葡萄牙语和希腊语的等等，他们互相打着手势交换意见。要想使这群乌合之众变成可以依赖、团结一致、胜任工作的一支坚强队伍，还需要长时间的培养和训练。然而麦哲伦只用了几周的时间就把他们控制到手，而成为一个战斗队，可以初步开展工作了。

　　但是，从船上的官员来说，情况可就复杂多了。有3只船的指挥官是西班牙人，这是国王派来监督的。代替法利罗指挥"圣安东尼奥"号的指挥官，是卡尔塔海纳，此人对麦哲伦极其冷淡和傲慢，表现出不屑一顾的轻蔑态度。虽然卡尔塔海纳是一个经验丰富的、有功绩的航海家，但他领受了国王"舰队督察"的任务，而成为麦哲伦的对手。"维多利亚"号的船长缅多萨对麦哲伦也心怀敌意。过去，在塞维利亚时，他就有蛮横不服从命令的举动，他是国王派来主管财务的官员，也是监督麦哲伦的奸细。所有这些西班牙军官，他们在"圣玛丽亚"大教堂拓展的御旗庇护下，曾向麦哲伦宣誓效忠，服从命令，但这都是伪装姿态，而不是内心支配的行为。他们对麦哲伦仍是心怀仇恨和妒忌。因此，麦哲伦对这些世袭名门的西班牙人，不得不倍加警惕。

麦哲伦不顾国王和"印度院"的反对，悄悄招来30名葡萄牙船员做舵手。其中有几位是麦哲伦的挚友和近亲，对他帮助很大。首先是麦哲伦的内弟，杜亚脱·巴尔波查。他虽然年轻，但却是一个经受过远航考验的海员；其次是阿里瓦洛、麦斯基塔，也是麦哲伦的近亲；还有伊什提万·哥素什，这是一个杰出的葡萄牙舵手，此外，还有茹安·谢兰，他虽然在船员名册上登记的是西班牙人，曾随西班牙探险队到过金色的卡斯提利亚（16世纪的巴拿马海峡），但他是麦哲伦的结义兄弟法朗西斯库·谢兰的亲戚，也是支持麦哲伦的。茹安·卡尔瓦里奥也是一个重要人物，许多年前，他访问过巴西，现在随身带着他的儿子，是他和一个黑皮肤的巴西女人姘居生下的。他们父子熟悉当地语言和情况，因此，是出色的向导和翻译；麦哲伦的奴仆亨利，已跟随麦哲伦多年，可当马亚亚语的翻译，也是个得力可靠的助手。

总而言之，麦哲伦在265名同路人中，仅有5—10人是可以完全信赖的，其余的人都或多或少的存在着反对、逃跑和敌意，这不能不使麦哲伦必须提高警惕，慎之又慎。

麦哲伦在列成横队的全体船员面前走过，全神贯注地观察每一个人，暗自盘算着：在关键时刻，谁能拥护我，谁会反对我？巡视中，他发现了一个重要人物，那就是最后一分钟上船的意大利维琴察人，名叫安东尼奥·比加费德。此人性格温和，待人谦虚，与麦哲伦同岁，出生于古老的贵族家庭，他原是一个年轻的骑士，随教皇侍队来到巴塞罗那查理五世宫廷前，听说有一支神秘的探险队，要沿着未经考察的航线驶往人所不知的地方，他便加入了这个冒险家的队伍。后来比加费德成为麦哲伦探险队中最主要的成员，由于他细心而生动的记录下探险队的所有事件，才使得麦哲伦流芳百世。莎士比亚在《暴风雨》一剧中，曾引用过比加费德旅行札记中的情节。说明它的影响是很深远的。

麦哲伦巡视完毕后，回到房间里，一个人静静地推想着：这次远航探险的结局会怎样呢？去而不返！胜利抵达目的地？前程难测，所以他在诸事停当之后，于起航前的两天，写好一份遗嘱，留给妻子和后辈。

他的遗嘱首先是从一个虔诚的天主教徒说起，其次是从贵族身份说起，最后才以丈夫和父亲的身份出现。

遗嘱开头写道："万能的上帝，我们的权力无边的主宰……我在世间的生命一旦结束，我的永恒生活便要开始，但愿我能葬在塞维利亚圣玛丽亚教堂的单独墓穴内。如果在途中死去，不能将遗体运回祖国，那么也请看在最神圣的圣母面上，在最近的教堂内给我的遗骸准备一块最后安息之地。"

遗嘱吩咐，按协议规定，你得到的全部利润的百分之二十，可将其中的百分之十平均分给"圣玛丽亚"修道院，另外分1 000马拉维季给塞维利亚教堂。拨一列阿利银子供十字军远征用，拨一列阿利用作赎金，从异教徒手中赎回被俘天主教教徒，拨一列阿利给麻风病人救济院，拨一列阿利给鼠疫病院和圣谢巴斯季场孤儿院，让每个得到这一捐助的人，为拯救我的灵魂而祈祷上帝。

遗嘱要求安葬时，在他的遗体旁作30次安灵弥撒，安葬30天后再在"圣玛丽亚"、维多利亚教堂作30次弥撒，接着希望每年"在我安葬日那天把衣服发给3个穷人，每人一件灰色呢坎肩，一顶帽子，一件衬衣和一双鞋子，让他们为拯救我的灵魂而祈祷。我想要在这天不仅叫这3个穷人吃饱，而且还叫另外12个人也吃饱，让他们为我的灵魂祈祷上帝，还请花费一杜卡特金币放粥施舍，为拯救在炼狱中受苦的灵魂。"

接着，在遗嘱中吩咐说："我死后，我的仆房和奴仆，26岁的马来西亚人亨利，应当获得完全自由，可根据他自己的意愿行事。另外，我想从遗产中拿出一万马拉维季作为他的生活补助费。我所以给他这笔钱，是因为他已经成为天主教徒，他将为拯救我的灵魂而祈祷上帝。"

随后是对家人的遗言，他首先写道：保留他的徽章和贵族称号直到第二代人、第三代人，如果万一其子在他生前夭折，应由谁来继承其徽号，他不仅想以一名天主教徒的身份，而且想以一个侍从武官的身份流芳百世。然后，把不可估计的财产分给妻子和儿女。最后签上了这位海军上将费迪南德·麦哲利扬什的大名和年月日。

麦哲伦在简陋的圣路卡尔教堂先做过忏悔，然后又和全体船员共进圣餐。

起航前的最后一刻到来了。麦哲伦的妻子巴尔波查抱着刚出生不久的儿子，泣不成声地站立在他的面前，她已经再次怀孕了，他们最后一次拥抱着。麦哲伦从巴尔波查怀中接过他们的儿子，吻了又吻。为了不使妻子过于悲伤，麦哲伦急忙登上小船，顺流而下，向圣路卡尔港驶去，舰队正在那里等待他起航。

1519年9月20日，远航探险队的篷帆鼓满了风，炮声轰鸣。人类历史上第一次环球航行开始了。

逮捕异己

1519年9月20日，麦哲伦率领的远航探险舰队，起航离开大陆，直向加那利群岛。船队行驶了6天，腾涅立夫山已出现在眼前。船队驶进加那利群岛的特约里费港，在这里逗留3天，补充了不少淡水、木材、沥青和肉食之类。

舰队正待拔锚起航时，突然远处有一艘西班牙轻快小艇向舰队发出信号。这时麦哲伦的岳父迪奥古·巴尔波查送来秘密信函：搞阴谋的头子是布尔里斯主教的表弟卡尔塔海纳。麦哲伦相信他岳父警告的真实性，因此他想到：这和密探阿尔瓦利什含沙射影的威胁言词非常吻合，即"别人接受密令，等他知道内情，已无法挽回名声"了。麦哲伦复函塞维利亚，骄傲地回答说：不论发生什么事情，他将誓死效忠皇上。他只字未提这封信给人带来的不愉快。

这封信，对于远离亲人，而又担负着重任的麦哲伦，无疑是个忠告，起到了提高警惕的作用。

船队离开加那利群岛，继续向西南的佛得角群岛前进。麦哲伦要求船队成单行纵队行进，保持各船只之间经常联系的特别制度。因为，只要有一艘船离开舰队，它就会在茫茫无际的大洋上失去航向，失散掉队。航行中旗舰"特里尼达"号领航，其他舰船成单行纵队跟随行进。白天执行这一命令毫无困难，只要用旗语联系就可以了。但夜里的联络则比较困难，每当黑夜来临，船员们就在"特里尼达"号船的船尾掌上一盏松脂火炬的吊灯，让尾随在后面的4艘舰船跟着火炬行进。如果"特里尼达"号上除松脂火炬外，又点起了两盏灯，那就说明风向不利前行，应减速行驶；如果除松脂火炬外，另有3盏灯火，就表示风暴即将来临，应升起辅助帆；如果燃起4盏灯火，就应该降下所有的船帆，停止前进；如果许多灯火忽明忽暗，或发射火炮，那表明前面有浅滩或暗礁，应注意行驶。

另外，每天天黑以前，其余4艘舰船都要驶近旗舰，向上将致意，表示"愿上帝保佑您，上将先生，保佑舵手和最尊敬的全体船员。"同时听取上将对夜间航行的指示意见。

1519年10月3日，这天天气逐渐恶劣起来，在惊涛骇浪中，船队领导当中的反对分子也开始活动起来了。几天来西班牙军官们跟着麦哲伦的旗舰航行，整天忍受着他那固执的沉默，干着不动脑筋的活，于是抱怨情绪开始膨胀。这时旗舰本应直接进入大西洋，向西南航行，驶往南美的巴西海岸，但上将却改变原来的航向，沿着非洲海岸往南到佛得角群岛，再向西稍偏南横渡大西洋前进。从这条线上航行，看起来好像走了弯路，至少会延误两周时间。其实，航海经验丰富的麦哲伦，正是为了利用赤道洋流和东北信风等有利条件，才选择这条航线的。1500年，由卡布拉尔率领去印度的葡萄牙船队，就是沿这条航线，而被大风吹送到巴西去的。此后，有些驶向印度的葡萄牙船只，也是利用这一带有利的条件，先从佛得角群岛到巴西，然后，再折转去印度的。然而，此时此刻，却遭到了卡尔塔海纳的反对。在傍晚的例行报告中，卡尔塔海纳便开门见山地问道："为什么违背原来的指令，改变航向！"

　　面对卡尔塔海纳提出的问题，麦哲伦想了很多。如果船上真有像他岳父说的那样，他愿意马上短兵相接。卡尔塔海纳与他是平起平坐抑或是上下级关系？起初卡尔塔海纳是作为稽查长被派来舰队的，这个官衔就同"圣安东尼奥"号船长的职位一样，他必须绝对服从上将，既没有发表意见的权利，也没有要求上将作解释的权利。但是后来被任命为舰队的督察，根据国王的"补足诏书"："如发现有疏忽大意情况，或其他官员缺乏应有的远见或谨慎时，应特别注意监督。"

　　麦哲伦将卡尔塔海纳是否有权要求上将作解释置之一旁，就粗暴地回答说："大家都应该跟随我前进，谁也无权要求我解释。"

显然麦哲伦缺乏商量、议事的态度,他与周围同事之间,一开始就造成了一种紧张、敌视、怨恨的气氛。大家一致地看到麦哲伦对卡尔塔海纳的粗暴行为,因此,在军官中已潜藏着愤怒的情绪。在此期间,舰队没有赶上信风,从而在汪洋大海中耽搁了两周,不久又驶进强烈的风暴地带。据此加费德的浪漫主义描述:多亏晶莹发光的"圣体",海员的庇护者——圣埃利姆、圣尼科莱和圣克莱拉(即"圣埃利姆"火光)的出现,他们才得以脱险。

卡尔塔海纳终于忍无可忍了。在当晚"圣安东尼奥"号船驶近"特里尼达"号作报告时,他破例没有登上甲板,按规定致祝词。他派了水手长去当代表,改变常规致词的内容道:"愿上帝保佑您,船长先生。"

麦哲伦顿时意识到,祝词中只称船长,不称上将,这不是偶然的,而是督察卡尔塔海纳不承认他是上司的表现。因此他立即下令转告卡尔塔海纳,希望他以后注意致词人的身份和言词。这时,卡尔塔海纳也公然站了出来,傲慢地回答说。

"这次派去致祝词的是我最亲近的助手,下次可能派任何一个见习水手去。"

连续3天"圣安东尼奥"号没有参加向旗舰上的上将致祝词和作报告的仪式,公开向麦哲伦发出挑战。

麦哲伦对"圣安东尼奥"号拒不执行晚报告的命令一

事，表面上没有任何反映，使船长们都感到奇怪。因为他从来没有过这样的宽宏大度。

一天，卡尔塔海纳来到旗舰上，一则因为很久没有同上将议事了，二则顺便询问为什么要改变航向。他们长时间坐在甲板上，麦哲伦泰然自若地一言不发，使卡尔塔海纳怒发冲冠。他认为国王给了他批评麦哲伦的权力，而麦哲伦过于武断专横，不接受批评，知错不改。因此断然拒绝了麦哲伦的指挥。麦哲伦在两人的公开对抗中，巧妙地运用了查理五世给予他的行驶司法权，抓住卡尔塔海纳的肩膀说了声："您已经是我的俘虏了。"

下令司务员和警察逮捕了这个叛乱分子。

卡尔塔海纳被逮捕，使得所有船长面面相觑，惊慌失措，但却没有一个人敢出面说情。在卫兵把卡尔塔海纳送进囚室的途中，一位船长转身向麦哲伦恭恭敬敬地请求道："鉴于卡尔塔海纳出身于贵族，不要给他带上镣铐，只要把他看管起来就是了。"

麦哲伦采纳了这个建议，但附带条件是看管人必须保证，卡尔塔海纳必须随传随到，看守人缅多萨向上将保证：一旦需要，能立即将他带来呈交上将。事情就这样结束了。

一个小时以后，"圣安东尼奥"号的指挥官已换成了另一个西班牙军官——安东尼奥德·科卡。傍晚，上将又开始接受所有舰船对他的祝词和报告。舰队继续航行。

船到里约热内卢

1519年11月29日，船队到达巴西海岸，但他们并没有在布尔南布哥城港口停留，因为麦哲伦的心事是迅速前进，找到沟通大西洋和"大南海"（太平洋）的海峡。找到海峡，这是决定舰队远航成败的关键。现在船队到达南美洲后，这个关键问题已经显得非常突出了。然而，长时期的海上漂泊，海员们每天含辛茹苦地过着与海浪、暗礁和暴风雨作斗争的生活，思乡之情和休整的心理时有发生。

12月13日，舰队经过13周的海上航行之后，船员们终于看到绿色的群山了。当船只驶入里约热内卢湾时，这一片葱绿而恬静的自然风光，使船上所有人都陶醉了。

里约热内卢海湾，素以鲜明色调著称。春天万物葱绿，绿树成荫，绿荫丛中鲜花盛开，繁花似锦。在其他季节里，蓝色的海湾与起伏的山峦同样构成一幅美丽的图画。这里虽属葡萄牙管辖，但实际上还是块"天主的土地"。沿岸树木繁盛,郁郁葱葱,美丽多姿的岛屿星罗棋布。西班牙船只可以随意来往行驶在这些岛屿之间,也可以任意抛锚停泊。

船队的小艇刚刚靠岸,赤身裸体的土著居民们便持矛惊天动地或树丛中跑了出来,好奇地观望这些全身披着铠甲的军人,他们毫无半点儿畏惧,看得出了神。这里的土著人平时嗜杀成性,吃人成风,他们经常用铁叉子把人打死,然后放在火上烤熟,一块一块地撕来吃,就像吃烤牛肉一样,人肉成为美味佳肴。可是这天,他们面对这些威武雄壮的天兵天将,却没有引起半点吃人的癖好,反而痴呆呆地凝视着那些神奇的天兵天将。这样,兵士们就无须动用笨重的火炮、长矛和大炮了。

船员们从船舱里取出鱼竿、梳子、剪子和镜子之类的小百货,土著人将这些货物团团围住,一个实物交易会热热闹闹地开始了。一根钓鱼竿可以换五六只肥母鸡,一把小小的梳子可以换两只大鹅,一个小镜子换10只五颜六色的鹦鹉,一把小剪刀换来的鱼,可以供多个人美餐一顿,用一个铃铛能换来满满一大筐红薯,用一张旧扑克牌里的大小王可以换5只鸡。那里的年轻黑姑娘更是不值钱,船员比加费德在他的日记中羞愧地写道:

"他们唯一的衣服是长长的头发。用一把斧子或一把小刀可以马上换到两三个姑娘供终身使用。"

就这样，当地土著居民还以为那些没有经验的船员受骗了，而他们却占了很多便宜。因此，手舞足蹈，欣喜若狂，经常以胜利者的姿态出现在水手的面前。

岛上有许多新鲜玩意儿。船员们最感兴趣的是从没有见过的水果——菠萝。他们形容，"好像又大又圆的松球，但味道非常甜美可口"；然后是红薯——其味道类似栗子，还有甘蔗也是第一次看见，同样感到非常稀奇。

舰队船只在里约热内卢波斯湾停泊了30天，正当比加费德从事采访，水手们大吃二喝，捕鱼捉兽，戏弄温顺的黑皮肤姑娘的时候，上将麦哲伦却从今后的航行出发，下令不准调戏妇女，不准购买奴隶，严禁殴打土著人。从而制止了船员们的胡作非为。因此，在土著人眼里，白人善良友好。每当船员们举行宗教仪式时，他们总是好奇地站在一旁观看。后来，当船员们在十字架前跪拜，合手祈祷时，他们也随着跪倒在地。信宗教的西班牙人，把这种表现看成是土著人在不知不觉中接受了基督的圣礼。

1519年12月26日，船队离开了这个令人难忘的美丽宽阔的海湾。船员们依依不舍地含着眼泪与这个天堂般的地方告别。他们怀念这里温顺的土著人，想往这里丰富的物产——甘蔗、菠萝和栗子。在这里他们得到了充分的休息。但是，此时此刻只能恋恋不舍地沿着景色诱人的巴西海岸向前行驶。因为，这里不是航行的目的地，只是一个暂时的停泊站。

　　船只开出港了，麦哲伦坐在指挥舰上，心安理得地回忆着：在这里虽然没有为西班牙国王夺取到新的土地，但作为一个善良的天主教徒，却给上帝增加了臣民的数量，在船队停泊的30天中，没有一个土著人受到任何侮辱，也没有一个土著人轻信传言，而背井离乡。他们以和平使者的姿态来到这里，又以和平经商的方式离开这里。

　　舰队离开里约热内卢海湾后，麦哲伦指示船只日夜兼程，迅速驶往目的地。1月7日，航海家们终于在一望无际的海平面上看见了一座不高的小山（当时称为蒙得维吉，即现在的蒙得维的亚）。然后舰队驶入一个辽阔无限，仿佛是一直向西延伸的海湾，避免了猛烈的风暴袭击，取得了安全航行的胜利。

　　1520年1月10日，船队驶往拉普拉塔河口（今乌拉圭首都蒙得维的亚所在地）。这个一望无际的大海湾，乍看起来真像是一个海峡的入口。但当时的麦哲伦认为这就是贝格依姆地图上所指的海峡。比加费德当时写道：船上所有的人见到这大浪滔滔的水路后，都一致断定他们终于发现了渴望已久的海峡了。麦哲伦派去"圣地亚哥"号实地探查，结果表明这是一个宽阔的河口，船队渴望已久的海峡落空了，给麦哲伦和全体船员都是一个不小的打击。

苦度严寒

1520年2月6日，船队继续航行，为了找到海峡，麦哲伦命令船只尽量靠岸行驶，于是造成了2月13日"维多利亚"号触礁的事件。在摆脱礁石阻碍后，船队便离岸稍远的海面上继续南行了。

2月14日，船队驶进了圣马提阿斯湾。这里曾经是航海家列什波亚到达的所谓海峡和海岬，但经过实地探查证明，它只不过是一个普通的海湾罢了。麦哲伦的海峡之梦又一次破灭了。船队没有在这里停留，而继续向前行进着。这圣马提阿斯湾以南的海域，是过去航海家没有到过的地方，未知数太多了。这时南美已经临近冬季，凛凛的南风（我们住在北半球、寒冷的风从北极吹来，而南半球，寒冷的风则是来自南极），从头顶上吹来，并夹带着蒙蒙的雨雪，吹得天昏地暗，风大浪高，给航行带来了很大的困难。船队必须找一个避风处，停下来避避风浪了。

3月31日，船队终于驶进了胡利安港停泊。

南半球的冬天，天空阴霾，阳光也黯然失色，低沉的乌云遮蔽了蓝色的苍穹。面对这冰冷的世界，麦哲伦和船员们常常想往和眷恋那热带的树林、从远处海岸上吹来的浓郁馨香，巴西美丽如景色，结满沉甸甸果实的高大树木，枝叶繁茂的椰子树，稀奇古怪的动物以及殷勤好客的土著居民……然而大家都明白，这只是一种美好的想往，而现实却是严酷的。

在恶劣的气候条件下，船队从拉普拉塔湾至圣胡立安海湾行驶了两个月，船员们几乎每天都在同飓风搏斗。风暴一起，桅杆被吹断，船帆被撕毁，船只严重颠簸。然而，眼下最凶恶的头等敌人却是严寒。天空总是乌云密布，随时都可能下雪。寒风吹到脸上，火辣辣的疼痛，船员们的破衣烂衫，早已抵挡不住寒气的侵袭。船员只要抓住缆绳，双手立刻就会冻僵。海岸上没有野兽出没，没有植物生长，只有一望无际的沙滩，以及沙滩上的海豹和贝壳，这是荒凉而又无人烟的不毛之地啊！

几个月的寒冷生活，以及无聊的等待，使得船员们心烦意乱，满腹牢骚。麦哲伦劝告大家说：

"这点儿冷有什么可怕！为这点事也值得垂头丧气？冰岛和挪威海岸的纬度比这里还高，春天在这些水域航行并不比在西班牙困难。只要再坚持几天就行了。万不得已，我们可以停下来过冬，等天气较好再继续航行。"

可是，船员们对这些空话，已经听不进去了。他们聚集在底舱私下抱怨、这个该死的葡萄牙人，在玩什么把戏哩？他是不是打算再为葡萄牙国王效劳呢？存心要毁掉这5艘好端端的西班牙船和全体船员呢？有的人还说：国王不可能要他航行到这个冰天雪地的海上来，这是个没有基督教徒到过的地方，连多神教和吃人生番也不在这里居住，我们来到这里干什么？还有一条东印度航路，可以直达"香料群岛"，为什么要选择这条拐弯抹角的路线呢？

西班牙的船长们，看到船员的愤怒情绪，不禁心中暗喜，船员和水手们的怨声载道，正好表露了他们的不满情绪。船长们知道，麦哲伦被错误的地图"新闻报道"引入了歧途，现在已是积重难返了。他们相信麦哲伦确实不知道海峡在什么地方。因为，麦哲伦每到一个海湾都详细地观察和四处巡视，又在拉普拉塔湾白白地浪费了整整两周的时间。或者是他欺骗国王，或者是他欺骗自己。船长们看到麦哲伦毫无出路的窘况，个个幸灾乐祸。让他把船队带到常年积水、无人知道的地方去，就好夺他的指挥权，然后把他置于死地而后快。

此时此刻，麦哲伦的心情已坏到了极点，因为第一次想在拉普拉塔河口找到海峡位置，结果未成。第二次，在圣马提阿斯湾旁，找海峡位置又不成。在这两次希望破灭之后，他已不得不承认，对贝格依姆的秘密地图以及以讹传讹的"新闻报道"深感疑惑了。即使海峡存在，如果它的位置紧靠南极的话，今年也不可能通过。舰队已经航行18个月了，可是马鲁古群岛（即香料群岛）也没有见到。目前，这残酷的寒冷，猛烈的风暴还时刻侵袭着破旧的船只，摧残着破衣烂衫的船员，振荡着所有人的心。这一切使麦哲伦一筹莫展，他已陷入深深的沉思之中了。

1520年3月31日，舰队来到圣胡利安湾。麦哲伦一见这个海湾，心中就涌现出最后的一线希望。它直通大洋吗？是朝思暮想的海峡吗？但一望便知，这又是一个封闭的海湾。麦哲伦仍然下令：驶入海湾，抛锚停泊。

当船长和水手们，得知上将决定在这荒无人烟的圣胡利安湾抛锚过冬时，都感到十分惊讶和恐惧。因为这个海湾位于南纬49°，任何航海者从未来过这里，是地球上最阴森，最荒凉的地方。

天气寒冷，粮食又不够吃，再加上探查海峡的失败，海员们大都灰心丧气，失望的情绪一天天增加，牢骚几乎快变成对抗了。

惩治叛变

风暴、寒冷和饥饿以及渺茫的海峡探索,造成了海员们的抱怨甚至对抗。在4艘西班牙人当船长的舰船上,他们利用海员的这种不满情绪,开始阴谋反对麦哲伦。他们提出的口号:增加口粮,掉转船头回家去,不再寻找毫无踪影的海峡了。

面对这些挑衅,麦哲伦的回答是坚定的,他必须履行与西班牙国王签署的协定,遵照国王的命令,在没有找到海峡以前,决不能半途而废。至于口粮,他表示只要不浪费粮食,有计划地供应,完全可以保证需要。因此,麦哲伦要求海员们拿出勇气,去克服困难,同时也答应把国王的赏金发给大家。

但这样的解释和劝说,并没能阻止事变的发生,相反,海员们的反感情绪更加严重了。

1520年4月1日,这天正是基督教复活节前的礼拜日。

麦哲伦邀请一些船长、舵手和其他重要工作人员上岸举行弥撒（天主教每个礼拜例行的宗教仪式），事后又请他们到旗舰上共进午餐。大部分船长和舵手都应邀上岸了，只有缅多萨、凯萨达和缅多萨看守的罪犯卡尔塔海纳没有上岸。

西班牙船长的阴谋叛乱计划，事先经过周密的考虑，招待中又非常谨慎。当天晚上，凯萨达和卡尔塔海纳带领了30名武装人员，把小艇悄悄驶近沉睡的"圣安东尼奥"号，夜间，船上没有值班人员，谁也没有想到在这荒无人烟的海湾会有敌人来袭击？

以卡尔塔海纳和科卡为首的叛乱分子，从小艇登上软梯爬到"圣安东尼奥"号船上，由曾在这只船上工作过的军官摸黑带路，直接来到船长室。麦斯基塔船长还在睡梦之中，持枪拿刀的歹徒就包围了他的船舱，瞬间被戴上手铐，送进文书的小屋关了起来。歹徒们惊动了熟睡的舵手埃洛里亚卡，他翻身起床，发现事情不妙，便厉声质问凯萨达：

"为什么半夜到别人舰上来？"

凯萨达一声不响，用手中的尖刀向他猛刺了6刀，埃洛里亚卡顷刻间倒在血泊里。一会儿"圣安东尼奥"号上的所有葡萄牙人都被戴上了手铐，全船人员被解除了武装，凯萨达强迫"圣安东尼奥"的船长麦斯基塔归顺他们，把该船的指挥权交给埃里卡诺。然后，卡尔塔海纳、凯萨达和科卡等叛乱头目放心地回到各自的船上，以便指挥战斗。

就这样，舰队的5只船有3只被凯萨达、卡尔塔海纳和缅多萨等人控制了，它们是"圣安东尼奥"号、"康塞普逊"号、"维多利亚"号。还剩下"特里尼达"号和"圣地亚哥"号未被叛乱分子夺去，形成了三对二的局面。但"圣地亚哥"号是一只小船，算不上一个战斗单位，所以确切地说，是三比一，形势十分严峻。

第二天清晨，麦哲伦像往常一样，命令船员开始日常工作。每天第一件事是从"特里尼达"号派小艇上岸，把当天各船需要的烧柴和饮水运回来。同过去一样，小艇先驶近"圣安东尼奥"号，从船上派出几个水兵后上岸，但今天却一反常态，当小艇驶近"圣安东尼奥"号时，大船没有放下软梯，也没有一个水兵露面。于是，小艇上的水兵大喊大叫，让船长赶快派人来取货。这时大船上的船员才小声地告诉他们说：

"'圣安东尼奥'号已经不归麦哲伦指挥了，而听命于凯萨达船长了。"

水手们听了非常惊讶，急忙将小艇划回旗舰，报告上将麦哲伦知道。

麦哲伦听完汇报，立刻明白了，"圣安东尼奥"号已经落入叛乱分子手中。但他还不知道其他船只的情况。因此，立即派小艇到各舰船走一趟，摸摸底。小艇飞快地划了一圈，回来作了详细报告，看来还控制在麦哲伦手里的舰船只剩下"特里尼达"号和"圣地亚哥"号了。

麦哲伦几年来为之呕心沥血的事业，竟毁于一夜之间。如何收拾这次叛乱呢？在这船只从未到过的汪洋大海上，何处去寻找援助呢？麦哲伦沉着冷静地思索着，摆在面前只有两条路：一是放弃长期为之奋斗的事业，放弃正确的主张，向西班牙船长妥协，让他们来指挥，掉转船头把舰队开回西班牙，去享受安逸的生活。二是坚持正确的方向和主张，孤注一掷，同西班牙叛乱分子斗争，设法给他们有力的还击，迫使他们投降。二者必取其一。

4月2日，叛乱分子通知麦哲伦说：他们已经控制了3只船和附属的小艇，同时送交了一份"呈文"，要求麦哲伦到"圣安东尼奥"号上商讨关于国王命令所规定的事项。至此，事变正式爆发了。

麦哲伦做了详细地反击计划和部署。首先扣留送"呈文"的小艇和水手。这个举动有两个目的：其一，一旦发生武装冲击，可削弱叛乱分子的力量；其二，增加了他调遣的船只。这个举动震惊了所有叛乱分子，对事态的发展产生了决定性的影响。

接着，麦哲伦派保安官埃斯比诺沙带领6名武装人员，暗地乘小艇去"维多利亚"号，给船长缅多萨送回信。当埃斯比诺沙的送信小艇接近"维多利亚"号时，叛乱分子站在装备精良的舰船上，安然自得，对小艇的行为毫无疑心。心想小艇上无非六七人，能将载有60名荷枪实弹的水手如何，如果动起干戈来，岂不是鸡蛋碰石头吗？更何况还有数门大炮威武耸立，正等待他们的来临。其实这些叛乱分子哪能料到，来者不善，善者不来。这7个人身上都藏有兵器，埃斯比诺沙领有特殊任务。小艇靠近大船后，7名兵士缓步登上舰船，埃斯比诺交给缅多萨一份请帖，邀请他到旗舰上去谈判。

缅多萨一面读着回信一面冷笑道："啊！不，你骗不了我。"接着这傲慢的冷冷笑声突然变成嘶哑喘气声了，因为保安官埃斯比诺沙的匕首刺进了他的咽喉，他的性命就这样结束了。

同时，麦哲伦又派杜亚脱·巴尔波查，带15名全副武装的士兵乘另一只小船赶来，登上了"维多利亚"号。此时，全船人员正被埃斯比诺沙一剑刺死缅多萨的事件惊呆了。杜亚脱·巴尔波查的15名战士立刻夺取了船上的指挥权，强占了每一个岗位。惊魂未定的水兵们呆若木鸡，听从调遣。舰船起锚扬帆，朝旗舰驶去，接受上将的检阅和指令。

现在"特里尼达"号、"维多利亚"号和"圣地亚哥"号3艘船，紧紧地靠在一起，他们包围了通往大海的出口，使叛乱分子无法逃跑。麦哲伦已经由原来的2:3，改变成3:2，形势已有了转机。此刻，摆在叛乱分子面前的出路只有3条：逃跑、反抗和不战而降。逃跑已无出路，3艘船已封锁了海湾的出口，反抗已无力量，兵力折损，锐气大减。惊魂未定的水手们也不愿追随凯萨达顽抗到底。

4月3日，即叛乱的第三天，天还没有亮，凯萨达和卡尔塔海纳想把"圣安东尼奥"号和"康塞普逊"号驶向大海。但是，当"圣安东尼奥"号刚一起锚，还没来得及张帆，就和旗舰撞在一起，旗舰上的船员们从梦中惊醒，迅速转动炮口，一时大炮齐鸣，打得"圣安东尼奥"号遍体是伤，危在瞬间。通过喊话，船员们投降了，表示愿意继续拥护麦哲伦。

麦哲伦吩咐把凯萨达、科加以及其他叛乱分子扣押起来，又派人登上"康塞普逊"号逮捕了卡尔塔海纳等人。同时，把被囚禁的拥护麦哲伦的人解放出来，那些禁锢麦哲伦忠实战友的镣铐，现在却给叛乱船长们带上了。

根据航海和军事法令，必须严惩犯罪分子，怎样惩罚呢？麦哲伦踌躇了。虽然国王曾授予他行使审判和生杀的权力，但是这些叛乱分子是国王信任的人。如果按照军事法令，全队有五分之一的船员都必须处以绞刑，这么多的人被处死了，谁来干活？继续航行必须受阻，但又必须严惩叛乱分子，否则麦哲伦就没有权威了。必须处理好这一矛盾，既保持力重，又树立权威。

麦哲伦决定：杀1人，流放2人，争取一批人。凯萨达船长杀死了麦哲伦忠实的舵手埃洛里亚卡，罪该一死。审判开始了，按照诉讼程序，请来了几位司书，见证人的证词都一一作了记录。就像在正式法庭上一样，开庭审判，麦斯基塔为执行主席。他首先宣布凯萨达杀人谋反的罪行，接着上将麦哲伦对他作出判决：判处凯萨达死刑，立即执行。但为了对西班牙贵族的宽大处理，将绞刑改为斩首。

在这远离大陆，没有人烟的海面上，谁来执行死刑呢？船员们恐怕都不肯当刽子手。最后想到了凯萨达的仆人——莫里诺。本来莫里诺参加杀害埃洛里亚卡，应该处以死刑。但是，如果他同意去斩凯萨达的首，可免于死罪。在二者必居其一的条件下，莫里诺选择了刽子手，以保全自己的性命。凯萨达就这样被处死了。

卡尔诺海纳是这次叛乱的主谋，他对麦哲伦的仇恨最深，因此，他和一个整天煽动不满情绪的神父，也被判决有罪，但麦哲伦没有在死刑判决书上签字。因为卡尔塔海纳是国王亲自委派的舰队督察，同他是平起平坐的，他不忍心看到卡尔塔海纳死在刽子手的刽刀之下。同时，麦哲伦是一个虔诚的基督教徒，不愿违背教规，杀死神父。但是要给这两个罪魁祸首戴上镣铐，等舰队扬帆起航后，给他们带上酒和食物，留放在荒无人烟的圣胡利安湾的海岸上，以后是死是活，就听天由命了。

其他应该定为死罪的40多人，因为船上还需要他们去干活，同时为了不引起其他船员的反感，所以采取了宽大为怀的策略，免于死刑。

麦哲伦对上述叛乱分子的判决是对、是错，似乎没有人提起，在当时的审判记录中，也只字未提被告人的辩护。只是后来，逃跑回国的西班牙船长控告麦哲伦，说他好像奖赏给刺杀缅多萨（叛乱头目之一）的保安人员，和其他随从人员12杜卡特（钱币单位名称），并把两个被杀的贵族的全部财物送给他们了。这些指控是否属实，很难对证。

"圣地亚哥"号沉没

在寒冷的季节里，船队在圣胡利安港停留了将近5个月。这里是一个满目荒凉的地方，林木参天，渺无人迹。船队充分利用这里的树木，锯成木料，制成木板，把破损的船板和桅杆都换上新的。船工们整天不停地紧张工作着，这是朝向新的目标进发的准备，他们相信很快就要起航，期望快离开这凄凉寒冷的荒野，驶向南海富庶的岛屿。

在圣胡利安港停留的前两个月里，在岸上没有见过任何一个土著人。后来，一天早晨，突然在远离岸边的山坡上，出现了一个奇怪而又高大的人，他比常人高一倍。比加费德在日记中写道：

"这个人十分高大，我们只能到他的腰部。体格魁梧，四方脸膛，上面涂着些红道儿，眼睛周围画着黄色眼圈，面颊上有两个心状的斑点。短短的头发涂成白色，衣服是由兽皮缝制成的。"

麦哲伦称他们为巴塔哥尼亚人（大脚民族的意思）。这种人所穿的鞋很特别，把皮子先套在脚上，从膝盖以下直到脚底，定型晾干，再把皮子缝制成软底鞋。一遇雨雪，就在软底鞋外面再套上大皮靴，大概就是这种鞋留在地上的足迹很大，才起名叫"大脚民族"的。

这个身披兽皮的人，面带笑容，和蔼可亲的伸开双手边舞边唱，慢慢地向舰船走来，同时还不断地把沙子撒在自己的头发上。麦哲伦曾多次旅行，对原始民族的习俗早就比较了解，他知道这些举动是表示要相互友好。因此，便吩咐一个水手模仿他跳舞，并把沙子也撒到自己的头发上，野人看了十分欣喜，向他们投以信赖的目光。当水手们把一面铜镜子塞到这个憨厚的巨人面前时，当他第一次从镜子里看到自己的容貌时，竟吓得掉头就跑。这个野人的饭量大得惊人，一顿可以吃完半篮子面包干，一桶水。惊愕的水手们见他饭量过人，觉得新奇，又给他拿来几只大老鼠，他连皮带毛活活地吞而食之，水手们顿时喧嚷起来。

这个野人和水手之间彼此都有好感，麦哲伦又送给他几件小玩具，于是，他高兴得又跑回去招呼来几个巨人，其中还有女的。然而，这种信任却断送了这些自然之子的生命。麦哲伦同哥伦布一样，肩负着把各种不同的植物和矿物标本带回国去，也有把特殊人种带回去的任务。水手们用诡计，设圈套欺骗他们。给两个野人一大堆小巧玲珑的礼物，接着又把一种闪闪发光，铿锵作响的脚镣给野人看，问他们愿不愿意把它戴在脚上，巴塔哥尼亚人却眉开眼笑，频频点头，野人双手捧着礼物，俯下身子，好奇地看着水手们把闪闪发光的铁圈套在脚脖子上。"当"的一声，脚镣戴上去了，两个受骗的土著人唔唔呶呶乱叫，在地上翻来滚去，呼唤神灵前来援救。可是叫天天不应，叫地地不灵，两个无力自卫的巨人，像两头被击昏的公牛，被拖上了大船。这些"文化传播者"背信弃义的突然袭击土著人，使他们对水手们望而生畏。

严冬寒冷的风暴刚刚过去，麦哲伦已打算继续向前航行了。于是，派忠实可靠的好友谢兰船长指挥的最小最快的"圣地亚哥"号去侦察。谢兰奉命向南航行，探查所有海湾。"圣地亚哥"号已出航不少日子了，但杳无音信，麦哲伦开始焦急起来。一天，从海岸的山坡上，远远地走来两个奇怪的人，他们赤身裸体，饥寒交迫，疲惫不堪，好似野人一样。海员们起初以为是巴塔哥尼亚人，但他们却用西班牙语喊话，后来仔细一看，原来是"圣地亚哥"号的两名水手。

两名水手带回来使人难过的信息：当"圣地亚哥"号驶入圣克鲁斯河后，遇上了风暴，船被刮到岸上，撞得粉碎。

除一人牺牲以外，全船人员都有惊无险，这些人正在圣克鲁斯河口等待救援。从出事那天起到这天为止，已经8天了，他们吃的全是草根树皮，饥饿威胁着所有人的生命！

麦哲伦听完两位水手的哭诉，当即派出小船，去圣克鲁斯河口救援遇难的船员。

1520年8月24日，正是当地早春的时候，船队离开了圣胡利安湾，此时此刻，上将麦哲伦的心情十分难过，在这里整整度过了一年的时光，一艘最适于侦察的小快艇撞碎了，3个船长断送了性命，一事无成，什么也没有发现……麦哲伦暗暗地诅咒着，一股辛酸涌上心头，他冷冷地看了一眼留在岸上的两个叛乱分子，便回到旗舰的休息室，静静地坐在办公桌前沉思着。

舰队驶往何方呢？实在有些茫然。麦哲伦想：如果可能的话，将沿巴塔哥尼亚海岸前进，直到南纬25°。如果还是找不到通向南海的海峡，就选择通常的航线，经过好望角回国。这是麦哲伦第一次给自己留下后路，第一次承认海峡可能找不到。

船队航行两天之后，又停下来了，它们留在谢兰船长发现的圣克鲁斯河口附近。麦哲伦命令：船队就地进行两个月的冬眠。

伟大的时刻

1520年8月26日,即麦哲伦命令舰队再停泊两个月冬眠的那一天,实际上只要再往南航行两度,再航行两天,那梦寐以求的海峡就将闪现在眼前。可是,当时麦哲伦被一些模糊不清的错误情报引入了迷途。在那胜利在望的时刻,他那洞察一切的目光,却突然蒙上了一层云雾,使这个决心探索大地奥秘的人,即使在伟大胜利时刻的前夕,仍在接受着痛苦的折磨和无情的考验。

1520年10月18日,在舰队起锚之际,全体海员举行了隆重的弥撒,进过圣餐,然后扬帆起航向南行驶。船队在南纬52°处,驶入了一个宽广的海峡口。麦哲伦命令:"圣安东尼奥"号和"康塞普逊"号向前探航。到了第4天傍晚,这两只船带着可喜的消息回来了。他们向旗舰鸣炮以表庆贺。骤然间,一种激昂、欢乐,洋溢着幸福的气氛笼罩着原来缺乏生气的不毛之地,两艘船逐渐驶近旗舰了，右舷上发出阵阵火气，一下、两下、三下，火炮轰鸣，山谷中回声振荡。两只舰船上彩旗飘扬，水手们把大小旗子都悬挂了出来，简直像过节一样，兴高采烈，热闹非凡。天空的沉闷早已被这热气腾腾的欢乐划破了。他们沉浸在美好和幸福之中，原来在这向前探航的两天中，船中所到之处都是咸水，水流湍急，把船只冲向西边。因此，他们猜测着，驶向另一个海的出口可能有望了，这就是鸣礼炮、挂彩旗的原因。

旗舰上的麦哲伦，简直不敢相信自己的眼睛，什么事使他们如此激动？他们喊的是什么？然而，麦哲伦也意识到这是在向他报告胜利的消息。事实正是如此，两艘探航船带回了特大的喜讯，发现海峡了。麦哲伦十分激动地听取了谢兰的报告。谢兰回顾说：开始两艘船处境危险，霎时间狂风大作，暴雨倾盆而下，随后又变成飓风，海湾里巨浪翻滚，波涛汹涌，一阵飓风把船锚的铁链刮断，两艘船无力自卫，只好收起船帆，任凭风吹浪击。这场可怕的风暴整整延续了两天，风暴把船刮到海湾的最深处。突然他们发现，远处高耸的崖壁不是连绵不断的，崖壁后面竟出现了一条狭窄的海峡。海峡里暴风雨不太猛烈，他们沿着这条通道进入海湾。这里和从前见过的海湾一样，开始很狭窄，后来逐渐扩展开来。他们在这里航行了三天三夜，始终看不到这条水路的尽头。他们没有找到海湾的出口，但判定这条水流不是一条河流，因为湾里的水到处都是咸的，涨潮、退潮也很明显。这股神秘的水流不像拉普拉塔湾那样，离河口越远变得越狭窄，恰恰相反，却越来越宽阔。波浪滔滔的水面，越往远去，越显得茫茫无边，水的深度却始终没有变浅。所以这条水路很可能是通往"大南海"的海峡。

　　一贯沉默、寡言的麦哲伦，出航一年来，从未得到过这样令人振奋的喜讯，他那冷若冰霜的脸上有了笑容，好像冰河解冻了似的。那忧郁、冷酷的心也开始沸腾起来了，他那朝思暮想的海峡就在眼前。在即将实现理想的时刻，他的心早已飞向海峡了。他命令："起锚！升帆！鸣放最后一炮向国王致敬，向水兵的庇护者做最后一次祷告！然后勇往直前，向神秘莫测的海峡挺进！"

　　发现海峡的那一天，1520年10月21日，恰好是万圣节。因此，麦哲伦把海峡取名叫"万圣海峡"。但是后人为了表示对他的感谢，以纪念他在历史上的发现和功绩，又改称为"麦哲伦海峡"。

　　船队缓缓地向海峡中行驶，两岸悬崖峭壁，死一般的寂静，光线阴暗，显得有些阴森，使人觉得毛骨悚然。这时辰从来没有船只经过，是个人迹未至的地方，岸上黑黝黝的山冈，空中阴云低垂，海峡的空气十分沉闷。船只在海峡里航行，宛如行驶在希腊神话中的隆渡船上一样。

　　海峡夜色沉沉，但可以看到闪烁的火光，透过崖壁射入船窗。因此，麦哲伦把这地方称为"火地"。火光的出现标明这里有生命的存在，有人类居住。经过调查才知道，因为当地人很不开化，不懂取火技术，为了保存火种，就不分昼夜地在住处燃烧干草和树枝。

有一天，麦哲伦派出几个水手乘小艇登岸，企图找到土著人，然而他们在岸上既没有见到土著人的住房，也没有发现土著人活动的痕迹，只看见一处死人坟穴和20来堆荒冢。有一条巨大的鲸鱼被海浪冲到岸上，已经腐烂了，这是他们所发现的唯一动物。4艘舰船乘风破浪，继续前进，海员们一面测海水深度，一面驾驶船只航行。麦哲伦心有余悸地环视四周，看看远处的海岸是否合拢，水路是否中断。结果表明：海水深度不变，海岸连续延伸，水路没有中断，而是迂回曲折地延伸到很远。所有迹象表明，这是一条通往大海的航路。他发现这条航路丝毫不像德国制图家什涅尔得贝格依姆在地图上绘的那条笔直的海峡。

实际上，"麦哲伦海峡"是一条迂回曲折，海水深浅不一，两岸沟壑纵横，地形复杂的海峡。只有在航海技术高超，驾驶特别顺利的情况下，船只才能通过这个迷宫。

据后来许多旅行家记载，在这里"北风常年不断地从四面八方刮来"，从来没有风平浪静的好天气。探险队在海峡中遇难的船只达几十艘之多。这就是为什么几个世纪以来，海员们一提到"麦哲伦海峡"就毛骨悚然的道理。

"圣安东尼奥"号叛逃

海峡通道很长，忽宽忽窄，弯弯曲曲，港汊交错，每前进一步都必须事先探航。1520年11月1日，当船队在西进途中，又碰上了岔道口，宽阔的水道分成左右两支，不知走哪条路为好。于是，麦哲伦把他的舰队分成两路探航。"圣安东尼奥"号和"康塞普逊"号往东南方向探查水路，并约定5天后在沙丁鱼河口相会。因这条河流盛产沙丁鱼，故名沙丁鱼河。

出发前，从旗舰上传下一道命令，各船船长到旗舰上集合，上将要了解口粮储备情况，并听取他们往什么地方航行的意见。麦哲伦一反常态的举动，引起了舰队全体官兵的议论。为什么过去独裁专横的人，今天变得如此民主！其实麦哲伦过去的胆怯、疑虑，在于是否能找到海峡的问题，而今海峡就在眼前，他已取得胜利了，还怕谁反对他？谁还会反对他呢？

各船船长来到旗舰，报告了各自的情况，结果口粮令人担忧，储备已经很少了，各船最多只能吃30天，对此麦哲伦坚守地说："现在已毋庸置疑，我们的第一个目的已经达到，到'南海'去的道路可以说已经实现。"

他要求船长们坦率地说说是继续前进呢？还是掉头回国呢？一般人都不敢发言，害怕顶撞这位残酷的上将。然而，只有一个人敢于站出来说话，此人就是"圣安东尼奥"号的舵手哥米什，他是葡萄牙人，可能还是麦哲伦的亲戚。他直言不讳地说："现在口粮不多了，船也破损不堪，海峡已经找到，'南海'究竟还有多大，需要多少时间，谁也不知道。所以，比较明智的做法是返回西班牙，然后乘重新装备的船只再次沿着如今发现的海峡，驶往马鲁古群岛。"

哥米什的意见头头是道，有理有据。然而，麦哲伦毫不动摇地反驳了哥米什的意见。他认为他的使命就是继续航行，直到抵达他要找到的那个地方，就是忍饥挨饿也在所不惜。会议几乎是不欢而散。次日，麦哲伦发布了继续航行的命令，舰队4只船同时起锚出航。麦哲伦怕所有船员知道口粮短缺的情况，特命令各船长要严守秘密，谁若走漏风声，必将处以死刑。船长们指挥自己的船只按着会前的分工，去探查航路。"圣安东尼奥"号和"康塞普逊"号已消失在曲折的迷宫般的海湾之中，而"特里尼达"号和"维多利亚"号则暂停泊休息。但是，麦哲伦派出一只小艇出去，作初步侦察，要求小艇3天之内返回。

　　第3天，即1520年11月8日，小艇遵照命令回来了，水手们很远很远就向旗舰招手，同"万圣节"那天发现海峡入口一样，几乎达到狂欢的程度。因为，他们终于找到了海峡的出口。他们亲眼看到海峡连接的那个大海——"南海"（太平洋）。冲出"麦哲伦海峡"希望就在眼前。这短暂的一瞬间是麦哲伦一生中的伟大时刻，一切都可以如愿以偿，实现他向国王提出的诺言。一股暖流从他内心涌了上来，眼睛模糊了，热泪夺眶而出。但是，短暂的喜悦过后，麦哲伦又想起了"圣安东尼奥"号和"康塞普逊"号已出去寻查航路3天了。次日，海面的远处出现了一只船帆。这是好友谢兰指挥的"康塞普逊"号回来了。谢兰对"圣安东尼奥"号的消息一无所知，无可禀报，第一天出航时，"圣安东尼奥"号走在前面，后来就不知道了。麦哲伦听了情况汇报，开始时还没有想得更多，也许是远航了，也许是船长记错了汇报的地点。于是，他命令所有的船只去寻找，并下令在船上点燃火堆，在桅杆上升起旗帜，以便给迷失方向的"圣安东尼奥"号引航。然而，"圣安东尼奥"号仍然杳无音信，无影无踪。显然是发生了什么不幸，也许是船只触礁遇难？也许是遇到暴风的袭击？但最近几天的天气很好，无风无浪；也许是叛逃，但此船的船长却是麦哲伦的亲信麦斯基诺，他不可能背叛。最大的可能是该船的舵手哥米什在军事会议上的要求没有达到，而采取叛逃的办法逃跑了。无论是哪种可能，总之只要"圣安东尼奥"号丢失，都会给舰队带来莫大的损失。因为，它是舰队最大的一只船，装载着大量粮食和其他物资。

在茫茫的大海上，谁都不知道"圣安东尼奥"号的踪影。按当时的条件谁也不可能知道它的去向。他们认为只有天上的"南十字"星座和它周围的繁星才是这次秘密行动的见证人，才知道"圣安东尼奥"号的去向。麦哲伦认为星卜术是真正的科学。于是把舰船上的星卜天象学家马尔丁叫来，命令他画算命天官图，算出"圣安东尼奥"号的下落。天下也真有巧合的事，卜算的结果表明：叛逃回西班牙了，竟然正确无误。这哪里是什么星卜呢？而是聪明的星卜学家马尔丁对哥米什在军事会议上的反抗情绪十分了解。于是他断言："圣安东尼奥"号被叛逃者挟持回国了，船长被囚禁。后来事实证明他的话是正确的，舵手哥米什在经过一个十字路口的探航中，又遭碰壁。于是，他丧失了最后的信心，再也熬不下去了，就趁探航之机，强占了"圣安东尼奥"号，给船长麦斯基塔戴上了镣铐，掉转船头，逃回西班牙。他回西班牙之后，向国王控告了麦哲伦，使麦哲伦的岳父、妻子遭到监禁，并不断地受到审问。麦哲伦的妻子忍受不了这种侮辱和折磨，在远航队归来之前，就含恨死去了。

通过海峡

"圣安东尼奥"号的叛逃,使麦哲伦陷入惶惶不安的深渊。然而麦哲伦已经意识到"圣安东尼奥"号上的官兵返回西班牙后,必然去国王那里把他说成是一个暴君,煽起西班牙人的民族感情,夸大事实,大肆渲染他把国王任命的官吏打入因牢。将一些卡斯提利亚贵族砍去头颅和四肢,让另一些贵族活活饿死的行为,控告他在整个航行期间独断专行,压制军官们自由发表意见等等。麦哲伦决心反驳这些控诉,于是发布了一项非寻常的命令:

"11月21日于万圣海峡、群岛河对岸发布命令如下:我费迪南德·麦哲伦,圣地亚哥勋章获得者,舰队海军上将,获悉尔等均认为季节已晚,继续航行乃冒险之举。我从来将他人意见和劝告置若罔闻,与之相反,本人之一切计划均与全体船员共同磋商实施。"

麦哲伦虽然明知军官们不会忘记他用铁腕手段制止船

长们的反抗，以及他铲除异己的无情打击，但仍然继续写道："因此，望尔等勿受胡利安港事件影响，消除顾虑，对舰队能否继续航行一事，应大胆陈述己见。如若有意对我隐瞒观点，将视为背弃誓言，玩忽职守。"他要求每个人对是否继续航行一事，用书面形式阐明各自的观点，并详细说明对此问题的看法。

据后来历史学家分析，麦哲伦之所以要发布此命令，完全是出于他要一份证明文件，证明他曾经征询过军官们的意见。因为，他很清楚"圣安东尼奥"号上的叛乱分子回到西班牙后，马上就要诬告他，有了这份文件，就可以洗清他的污名，把罪责加在叛乱分子身上。

对麦哲伦的书面问答，只有天象学家马尔丁作了答复。由于马尔丁德高望重，他回答了一份模棱两可，闪烁其词的意见，他用最巧妙的手法，讲了些"一方面这是正确的"，"另一方面这是可以的"之类的话。他既怀疑通过"万圣"航道可能到达马鲁古群岛，又建议继续向前航行。因为，"我们掌握了春天的大好时光"。另一方面他又建议最好在1月中旬返航。因为，大家都已疲惫不堪，衰弱已极，也许往东行比往西行更加明智，不过还是让麦哲伦自行决定吧！上帝会给他指明方向等等。显而易见，麦哲伦征求军官们的意见，并不是真的要按他们的意见去办，而是为了以后怎样对付叛乱分子的控告，只是装装门面而已。

　　1520年11月28早日，3艘船只遵照麦哲伦的命令驶出沙丁鱼河口之后，在漫长的海峡中行驶了28天，船队终于走出了海峡的西口，浩瀚无边的"大南海"（太平洋）终于出现在眼前了。多么壮观的景色啊！在那遥远的西方，绵亘不断的地平线那边，将是"香料群岛"，万宝之岛；而在这些岛的那边，就是东方大国——中国、日本、印度；再过去，在一望无际的大海那边就是西班牙、欧洲！

　　当舰队走完海峡的尽头时，素来表现沉默的麦哲伦，这时也高兴得热泪盈眶。经过重重困难，克服了种种阻碍，沟通"大南海"（太平洋）与大西洋的通道终于找到了。这是西欧人花了20多年时间要寻找的地方。

　　1520年11月28日，舰队抛锚下碇，扬起旗帆，3艘孤独的舰船向这个陌生的海洋鸣炮致意。从这天起至1521年3月初，船队在"大南海"中一连持续航行了3个多月。可喜的是在这些日子里，船队竟一次也没有遭到暴风雨和巨浪的袭击。因此，麦哲伦和船员们把这个"大南海"称为太平洋。这个名称就这样一直沿用下来了。

饥饿的威胁

船队在风平浪静的太平洋上航行，船舱里的粮食越来越少，处境十分困难。1521年1月24日和2月4日，船队虽然先后发现两个岛屿（即圣巴夫拉岛和鲨鱼岛），但却荒无人烟，无法补充食物。因此，麦哲伦把这些岛屿合称为"不幸群岛"。

司务长每天给舰队发放的食物，早已霉变而且发出臭味，酒也喝光了，就是淡水，由于储存的时间过长，日光曝晒，早已腐败发黄发臭了。即使这样，一天每人也只能摊上一杯水。面包干和船队在途中捕获的鱼，是他们唯一的食物。然而，面包干早已变成灰色的腐渣，其中蛆虫密集，还掺杂着老鼠屎。为了填满饥肠，水手们把锯木面掺在面包干碎屑中吃。最后，饥饿到了严重程度，把保护缆绳的牛皮也煮来吃，还有吃老鼠的。在比加费德的札记中，可以看到饥饿的船员们如何迫不得已吃牛皮的记载。

"最后，为了不致饿死，我们不得不吃牛皮。这些牛皮原来是包在外面防止缆绳磨损用的。经过年深日久的风吹、雨打、日晒，这些牛皮已经硬得像石头一样，我们只好把一块块的牛皮挂在船舷外面泡上四五天，使它多少柔软一些之后，再把它放在煤火上烤熟，拿来充饥。"

由于长期缺乏新鲜食物，缺乏含维生素的食物，船员中间患坏血病的人日益增加。患坏血病者首先是牙床肿，然后开始出血，牙齿活动、脱落、嘴里长满疮，最后嘴肿得即使有食物，也无法吞咽，最后悲惨地死去。就是那些没有患坏血病的人，也是双腿水肿、麻木、勉强维持生存，拄着拐棍像魔影一样在船上走动，有的人甚至卧床不起了。船员中至少有19人饿死，这个数目是剩下人数的十分之一。第一个饿死的是巴塔哥尼亚人，即胡安巨人。因为他们平时吃得多，喝的多，一旦粮食紧张，他们就首当其冲被活活地饿死了。

在这饥肠辘辘的日子里，个个虚弱不堪，3艘舰船都无法抗拒暴风骤雨的袭击。正如比加费德所说：

"如果不是上帝和圣母赐予我们如此美好的天气，我们一定会饿死在这一望无际的大海上，而无一幸免。"

船队在茫茫大海上漂泊了3个月零20天，人们在饥饿中度日，在死亡线上挣扎，还经受着失望的痛苦。船员渴望大陆，犹如旅行者在沙漠中盼望绿洲一样。一天，清晨桅楼上传来一声嘶哑的欢呼：巡逻兵发现陆地了，海岛到了！于是船员们涌向甲板，向海岛上的树荫和晶莹清澈的山泉投以渴望的目光。小船很快驶近海岛，他们才发现原来是光秃秃的，荒无人烟的礁石，岛上人兽绝迹，寸草不生。小船又失望地返回舰船，大家都失望了。

1521年3月的一个清晨，旗舰"特里尼达"号上的二级水手纳华罗，在桅楼上又发出了欢呼声：

"陆地！陆地！"

这是一个有人烟的陆地。当舰队刚一靠近海湾，未等降下船帆，已经有许多"卡奴"（涂着五颜六色的小船，船帆是用椰子树叶编成的）迅速向大船划了过来。一群赤身裸体、纯朴天真的大自然之子，顿时爬上了船舷。他们根本不懂得什么交往中的礼节和原则，看到什么拿什么。转眼间船上的东西被一扫而光。甚至"特里尼达"号上的小船也被砍断了缆绳不翼而飞了。这些无知识的土著人，把那些闪闪发光的小玩意儿别在头发上，感到很漂亮。

这是一场无情的抢劫，特别是把大船上的小艇抢走，这是麦哲伦所不能容忍的。第二天，他派了40名武装水兵上岸抢回小艇，并对岛上的土著人狠狠地教训了一番。水兵们烧毁了几处茅屋，但未发生战斗。岛上的土著居民，对厮杀技术一无所知。甚至当西班牙船员的箭头射入他们的肉体时，鲜血直流，但不知道这些带着羽毛的箭头是怎么回事，他们用手摇了摇杆，想把它拔出来，可是又办不到，于是带着箭头仓皇逃进密林。在岛上船员们尽情地喝着清澈的山泉，吃着香甜的水果，他们闯入土茅草屋，把粮食和牲畜（猪、鸡、牛、羊等）抢劫一空，都搬到船上。西班牙人称土著人是野蛮的强盗，其实西班牙人才是个文明强盗，然而文明强盗诽谤当地土著人，给这个岛取名叫"强盗群岛"（即拉行郎半岛，1668年起改称为"马里西纳群岛"，麦哲伦发现的是群岛中最大的一个岛——古阿穆岛）。

无论如何，这次在"强盗群岛"的抢劫中，把大量的粮食、牛、羊、猪、鸡，抢上舰船，对所有船员来说，可算解围了。使长期处于饥饿状态下的官兵们可以大饱口福，不再受饥挨饿。吃饱了，吃好了，从而全体船员的体力得到了恢复，精神逐渐振作起来了。但是有几个病情严重、虚弱已极的人相继去世。其中有一个是英国人。此外，还有数十个船员仍然病势严重，他们整天卧床不起。总之，不管怎样，灾难已经过去，前程透出了一丝光明，人们的精神状态已经好转多了。

舰队一直向西驶去，3艘船漂泊在一望无际的海洋上，天空是蓝湛湛的，万里无云，一轮红日挂在蓝天之上，照得船板暖洋洋的，舰队昼夜兼程。行驶一周过后，在3月7日这天，远处又出现了一座岛屿，它的旁边还有一个小岛，这时麦哲伦已经明白，命运不会再来捉弄他们了。麦哲伦把这些岛称为"圣拉萨尔群岛"。16世纪40年代为纪念菲律普王子，即后来的西班牙国王菲律普二世，改为"菲律宾群岛"。这里生长着东方的各种香料，热带的水果，如香蕉、椰子之类，每当海风吹来，飘香阵阵。因此，麦哲伦决定让患病的海员在这里做短期疗养。命令船员在附近的胡穆奴小岛登陆。海员们用树干和风帆布置了营地，把患者都移到这里。当晚杀了一头猪，让海员们饱餐了一顿。

当时的麦哲伦把这个群岛误认为是马鲁古群岛，即"香料群岛"了。他叫大家欢呼吧！狂欢吧！目的地已经到了！实际上这是一个毫无根据的臆测。其实，现在所在岛屿的位置已经超过了马鲁古群岛，由于他们的航向偏北了一些，船队是从马鲁古群岛的东北方向驶过来的。

发现菲律宾群岛

由于麦哲伦在太平洋上行驶的航线比应走的航线偏北了10°，所以没有找到马鲁古群岛（即香料群岛），但是却发现了一群无人知道的岛屿，这就是现在的菲律宾群岛。从而麦哲伦为查理国王开辟了一个新的地盘，也为自己获得一块新的领地。因为，在与西班牙国王的协议书上明文规定，如果能发现6个以上的岛屿，其中两个归麦哲伦和法利罗所有。

3月7日至3月16日，在菲律宾群岛停泊了9天。舰队停泊的岛是一个无人居住的小岛。比加费德称之为"胡穆奴岛"，它的周围还有许多岛屿，其中苏鲁安岛（现在称为萨马岛）是两个大岛之一。每天土著人从苏鲁安岛给住在"胡穆奴岛"上的船员送来丰富而新鲜的食物，全体船员在这个静谧的热带海岛上，经过休整，恢复健康，舰队又起锚出航。

1521年3月25日，船队取道西南方向前进，于28日，即复活节前的星期日，舰队在菲律宾群岛的马索华岛抛锚下碇，做最后一次途中休息，然后便驶往目的地。马索华岛是一个很小的岛屿，在地图上要用放大镜才能看到。麦哲伦在这里又经历了一个富于戏剧性的时候，3艘大船刚一驶近马索华岛，就有许多土著居民成群结队地跑到岸上，好奇地等待着新来的客人，麦哲伦本人没有上岸，而是先把奴仆亨利作为联络员派上岸去。因为，这里是亨利本民族的语言区。由他去联系事情一定要好办得多，顺利得多。

  这时的亨利有说不出的激动。12年以前，还是麦哲伦上将从这里往西行的时候，把他买来当奴仆的。跟随主人到过印度、非洲、里斯本、欧洲，又经过巴西、巴塔哥尼亚，漂洋过海，现在又回到他的故土。世界上破天荒绕地球环行一周的黑人奴仆，恐怕就是亨利了。几十年来，许多科学家推论，地球是圆的，不论是朝着太阳航行，还是背着太阳航行，都可以绕地球走一圈，最后回到原地。这个说法已被勇敢者所证实。亨利就是首先回到故乡的勇敢探险者。

  亨利用马来西亚语和这些土著居民说话，土著人能够听懂亨利的语言，并且可以对答，说得十分投机。这时，麦哲伦恍然大悟，他从西方绕到东方来的设想已经实现了。早在12年以前，他从东方回到西方，现在又从西方绕到东方，他的远航事业已基本上完成。他用实践证实了地球是圆形的。

菲律宾群岛非常富裕，美味佳肴十分丰富，再加上土著居民的热情款待，船员抑制不住这新鲜味美的食物的诱惑，连最虔诚的比加费德也从来不忘记感谢圣母圣灵，然而在这里也犯了破坏教规罪。

复活节前的星期五，天主教徒在这一天是必须吃素的，麦哲伦派比加费德到岛上的土王那里去。土王卡兰布隆重迎接他，把他接到自己家的竹棚底下，那里的一口大锅里正在炖猪肉，发出浓浓的香味。比加费德见了垂涎三尺，他经不住扑鼻香味的诱惑，竟在这个最严格、最神圣的斋戒日饱餐了一顿香喷喷的猪肉，开怀畅饮了一通椰子酒。酒饭刚罢，土王又请他们到自己的茅舍赴宴，比加费德写道："客人们盘腿而坐，就像裁缝做活时的姿势。"这第二次酒宴他们已是酩酊大醉，土王的儿子又来欢迎，为不失礼貌，他们又参加了第三次宴会。

土著居民十分欣赏西班牙人带来的各式各样的礼物，例如，闪光的镜子、锃亮的小刀、沉甸甸的斧子、火红的帽子、土耳其服装、刀枪不入的铠甲等等。土著居民对比加费德手中拿的一根羽毛也很感兴趣，当同他谈话时，他总是在白色的纸上划上许多圈圈道道，数天后可把当时说的话重复一遍。在复活节的那天，白色皮肤的人举行的仪式多么奇妙，在海岸上垒起祭坛，上面竖了一个大十字架，在阳光下闪光。然后两人一排，跪倒在祭坛前面，土著居民感到异常新鲜，于是他们模仿这些白人的举动，吻十字架，跪在地上，同时要求舰队给他们竖一个大的十字架。麦哲伦答应了这个要求，土著居民高兴极了。在马索华岛上西班牙人取得了辉煌的成就。土王成为西班牙国王的同盟者，成为他的教徒，成为西班牙国王的新领地，信奉耶稣基督。

土王告诉麦哲伦：菲律宾群岛中最大的岛屿是宿务（耶布）岛。因此，麦哲伦要求土王派一名领航员领路，到宿务岛上去考察，土王表示愿意亲自带领舰队前往。这样，舰队于4月4日出发。经过3天的顺利航行，于1521年4月7日驶近宿务岛。

宿务岛是一个理想的建立殖民地的地方，这里土地肥沃，物产丰富，岛上的小部落土邦很多，他们互不团结，彼此仇恨，互相打斗，这正好是可以利用的条件。麦哲伦研究过以往的对外扩张者，诸如亚尔美达、阿尔布凯尔基之辈的掠夺手法。他懂得如何利用当地土著居民的矛盾，来发动侵略战争。

当舰船驶近宿务岛时，麦哲伦举目往港内一看，沿岸村庄林立，岸边都市繁华，他立即意识到，这里的文化程

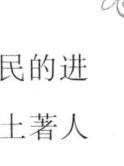

度比较高，统治者的智慧高于其他的土王，土著居民的进化程度也是沿途罕见的。因为港内停泊着的小艇是土著人自己造的，而且还有外国的帆船停靠港内，说明岛上的居民不仅自己有创造能力，而且同国外已有了交往。因此，麦哲伦决定，必须首先给土著统治者和居民来个下马威，使他们知道舰队有雷霆万钧的神力。于是下令鸣炮致意。

一声霹雷划破了寂静的长空，惊飞了海鸟，惊动了土著人，他们被大炮的轰鸣声吓得狂喊尖叫，四散奔逃。麦哲伦在旗舰上坐视他策划闹剧的效应，见此状态他又惊又喜，马上派他的奴仆亨利上岸去执行外交使命，告诉岛上的居民和土王，这是西班牙海军上将鸣炮向宿务土王表示致敬，而绝非敌意，希望不要误会。亨利还表示：我的主人遵照世界主宰者的旨令，横渡地球上最大的海岸，驶往"香料群岛"。此次借路过贵岛的机会，对贵岛和土王进行一次友好访问。因为他在马索华岛上，早已耳闻宿务土王的聪明才智和殷勤好客。我们舰队不打算在岛上久留，在畅叙友谊之后，将立即离开岛屿，回到西班牙去，决不给土王增加麻烦。

宿务土王名叫谢布·胡马玻那，是位很有智慧的人，他深知钱的用途和价值，是一个讲求实际的经济学家，他从本质上与强盗群岛上的那些赤身裸体的原始野人不一样，同巴塔哥尼亚巨人也不一样，是一位黑皮肤的外交家。他规定：凡是在宿务岛内港口贸易的船只，必须纳税，然后平等交易。他对亨利说：他不拒绝外国人在这个港口停泊，甚至希望和外国船只建立贸易关系。但是每艘船必须交纳停泊费和贸易税。如果这三艘西班牙船的统帅愿意在这里停泊和贸易的话，那就请交纳停泊费和贸易税。

麦哲伦哪能向这小小的土王纳税呢？如果同意纳税岂不是承认岛上的独立和自主了吗？而且西班牙已根据罗马教皇的谕令，早已把该岛划为自己的领土了。亨利已跟随麦哲伦多年，深知主人的为人和主张，所以亨利一再劝说土王不要征税，免得触怒了他的主人。但是土王不肯退让，不能破例。土王把已经纳税的伊斯兰教商人请来作证，说明交纳税是非交不可的，不纳税就没有友谊可言。

伊斯兰教的摩尔商人闻讯赶来，看见这几艘鼓满风帆的大船，就知道事情不妙，大难临头，吓得面如土色，他感到这些白人强盗的魔手已经伸向这个幽静的角落了。这些杀人凶手，伊斯兰教的凶恶敌人，已经带着洋轮和大炮来了。和平贸易已无希望，于是他低声嘱咐土王说：千万要小心从事，不要同这些不速之客发生冲突，要知道这就是那些掠夺、占领卡利卡特、印度和马来西亚的人（其实那些是葡萄牙人，而不是西班牙人）。

摩尔商人对土王的警告是起作用的，土王马上放弃了自己的要求，并邀请麦哲伦的使者赴宴，以示友好。宴会是经过精心设计的，无论是丰盛的食物，还是盛食物的餐桌用具，都是特意安排的。例如装食物的盘子，既不是竹篮，也不是木盆，而是从中国买来的瓷器。麦哲伦看在眼里，心想：现在可以说马鲁古群岛和印度已近在咫尺，西班牙人已经接触到东方文化的边缘。哥伦布的幻想（由西路到达印度）终于成了现实。

目光远大，具有人道主义精神的麦哲伦，与过去那些掠夺者不一样，他不是到处屠杀土著人，奴役土著居民，而是采取和平渗透的方式去统治他发现的土地，把这些土地通过和平的途径划归西班牙所有。这样，麦哲伦从道德上就与同时代的其他征服者不同，他的声誉更高。与宿务土王的外交事宜办妥之后，便开始了正式的礼仪往来和商品交易。比加费德作为全权代表被派上岸去，土王宣称准备永远做威力无比的查理国王的盟友。麦哲伦也竭尽全力保持和平。

实物交易开始后，岛上的土著居民最感兴趣的是铁，因为它最适用于制造刀剑、枪矛和铁锹。在土著居民的眼里，那些柔软的黄金，都不如铁贵重。于是他们用黄金去换取铁，他们用大量的黄金去换取少量的铁。船员们看到有利可图，就把自己的衣服行李拿去换金子。但是，麦哲伦担忧，如果让居民们意识到了黄金的真正价值，从而会给欧洲人带来的商品贬值。

麦哲伦和土著居民的交往，表现出的高尚道德、忍让和人道主义精神，在比加费德的日札里均有记录。

"上将对他们说，不要因为慑服于我们的威力或讨好我们而加入基督教。如果他们想入教，只有自觉自愿，热爱上帝。但是如果他们不愿意改信基督教，也决不要加害于他们。当然入教的人就会受到更好的待遇。于是他们异口同声地喊道，他们入教并非慑于威力，也不是为逢迎献媚，完全是自愿的。他们把自己交给他，希望他像对待自己的下属一样对待他们。此后，上将两眼含着热泪，拥抱他们，并且握着王子和马索华岛土王的手说，他以笃信上帝、效忠国王的赤胆忠心发誓，将坚定不移地维护他们和西班牙国王间的永久和平，而他们也向他做了同样的保证。"

1521年4月17日，那是一个星期日，船员们在城里的市场上搭起了五彩缤纷的华盖，地上铺着船上拿下来的地毯。地毯上放了两把法蓝绒的椅子，麦哲伦和土王各分坐在一把椅子上，华盖前面搭了个祭坛，祭坛上灯火辉煌。祭坛四周熙熙攘攘地挤满了无数黑人。祭坛前面40名全副武装的士兵站岗，一名旗手高举起西班牙查理国王的丝绸旗。这是西班牙人祝贺他们的伟大胜利。

庆祝大会开始了，船上礼炮轰鸣，土王、王子和其他一些人，在巨大的十字架下面，垂头接受"神圣的洗礼"。麦哲伦以教父的身份给土王起了一个教名"查理罗斯"，给王后起名叫"胡安娜"，两位公主也起了西班牙的名字，叫"伊萨贝拉"和"卡达琳娜"。宿务岛上的其他权贵们也纷纷前来接受洗礼，舰队上的人一刻不停地忙到深夜，受洗礼的人数有数百人之多。

次日，其他岛上的土著居民也闻讯而来，几天后，群岛上所有土王都宣誓效忠西班牙国王，俯首称臣，受礼。

在宿务岛，麦哲伦事事顺利，没有流一滴血就得到了新的领地，得到了一个国家归顺西班牙国王。自从船队抵达宿务岛以来，他们在岛上一面做生意，用带来的各种小商品骗取土著居民的黄金、珠宝、肉类和粮食，另一方面依靠传播基督教，与当地的土王首长之一的胡马波纳建立关系。胡马波纳也有他的打算，他希望利用这些手段拥有枪炮火药，利用装备精良的白种人去反对自己的邻邦。胡马波纳殷勤地接待了麦哲伦，并策动他向邻近的马坦岛进发。

在马坦岛阵亡

舰队离开宿务岛后,麦哲伦先派人去马坦岛。这个先遣部队残暴地烧毁了一个名叫"拉布拉布纳依雅"的村庄。马坦岛土王、酋长同意供给3头羊、3头猪和3斗黍米,但声明"每种只给两份"。麦哲伦本来不需要多得一头羊、一头猪和一斗大米,然而马坦土王对客人的这种不友好态度,使麦哲伦难以接受,为了显示威力,决定教训教训他,让各岛的土王看看降服于西班牙人是明智的,反对西班牙人的将受残酷的镇压。因此决定对马坦岛发动进攻。但是麦哲伦的好友谢兰和巴尔波查都劝他不要采取这毫无必要的行动。

麦哲伦并不愿真正使用武力,只打算摆一摆威风吓唬别人,对方自愿求和就算了。于是他派仆人亨利和摩尔商人去见西拉布拉布土王,提出诚心的和平建议。并指出:马坦岛的统治者必须承认宿务岛土王的权力和西班牙的最高统治地位。如果同意，西班牙人将和他永远友好相处，如果他拒绝接受这一最高政权，那么将尝到西班牙枪矛的厉害。

对此，西拉布拉布土王答说：

"我们也有戈矛哩！"

在强硬地回答面前，麦哲伦决定诉诸武力。在每次战斗中他都以谨慎细致和深谋远虑著称，可是这次，他第一次轻率地冒险。1521年4月26日半夜，麦哲伦带领60名武装人员，分乘3只小船驶向马坦岛。宿务土王和他的儿子，带领1 000人左右同行，27日黎明前他们到了前缘阵地。麦哲伦吩咐宿务岛土王及其援军留在小船上不得介入，只是作为证人，作为旁观者，看看60名西班牙人是如何作战的，是如何制服岛上所有土王和酋长的。

原来麦哲伦以为只要放两三炮，狠狠轰击一下，西拉布拉布就会抱头鼠窜。然而，土王发现沿岸独特的地形是他可靠的屏障，岸边密密匝匝的珊瑚礁使小船不能靠岸，西班牙人最厉害的武器将无用武之地，于是，决心同这批外国人浴血奋战到底。

60名西班牙士兵，在麦哲伦带领下纷纷跳入水中，据比加费德记述，麦哲伦"像一个慈祥的牧羊人，领着他的羊群。"他们在齐腰深的海水中走了很长一段路才到达岸边。岸上有无数土著人狂喊乱叫，挥舞盾牌，早已等候多时了，顿时双方短兵相接。

战斗开始了，有一段时候西班牙人的火器尚能挡住对方的进攻，但是当土著居民大批扑上来时，麦哲伦和他的战士就渐感不支了。麦哲伦的脚被毒箭射伤，他命令退到小船上。但由于礁石密布，小船不能靠岸，战士们不得不继续战斗下去。为了掩护兵士们的退却，麦哲伦决心坚持到底。

战斗中，比加费德一刻也不曾离开上将。他也受了严重的箭伤，他在日记中最翔实地记载了这次战斗经过，他写道：

"我们跳入齐腰深的水中，走了约有两箭地远，我们的小船由于礁石密布无法跟随我们前进。岸上约有1 500名岛民分成三队严阵以待，我们一上岸，他们就狂喊乱叫地扑了过来。两路攻我侧翼，一路迎面冲来。上将命令我们兵分两路。我们的火枪手和弓弩手从远处船上射击了半个小时，但毫无用处，因为距离遥远，他们的枪弹、箭和标枪穿不透野人的木盾，只能擦伤他们的手臂。于是上将大声下令停止射击，显然是想节约弹药准备大战。但是他的命令未能执行。岛民们看到我们的射击几乎或者完全不能伤害他们，便不再退却。他们喊声震天，左跳右跳地躲避我们的射击，靠盾牌的掩护逐渐向我们围拢，弓箭、镖梭、长矛、石头、泥块一齐投过来，打得我们难以招架。

有几个岛民用带铁头的长矛向上将投来。"

"为了威胁土著居民，上将派士兵放火烧了他们几座茅屋。这更加使他们愤怒若狂。一部分野人向着火的地方跑去，此时已有二三十座茅屋付之一炬，他们就地打死了我们的两名士兵。其他岛民更加凶猛地向我们扑来。他们发现我们的铠甲只能护住身体，双腿却露在外面，于是便向我们腿部射箭。一只毒箭射中了上将的大腿，他不得不下令慢慢地一步步撤退。但此时，我们所有的人几乎都开始仓皇奔逃，上将身边只剩下七八个人（他已腿瘸多年，显然撤退较慢）。这时梭镖和石头从四面八方向我们纷纷投来，我们已无法抵挡。船上的大炮也无济于事，因为沿岸水浅，小船不能靠近。我们顽强地且战且退，离岸已有一箭之地，水深没膝。但岛民仍然穷追不舍，他们从水中捞起用过的标枪，这样一根标枪可以使用五六次。他们得知谁是上将之后，便集中力量向他瞄准。他们已两次打掉他头上的钢盔；他带领几个船员像勇敢的骑士留在自己的岗位上，不打算再继续退却。我们就这样战斗了一个多小时，直到一个土著用竹矛刺中了上将的脸。他勃然大怒，立即把自己的长矛刺进这个野人的胸部，矛头扎在死者身上拔不出来了，他正要拔剑再战，但已来不及，敌人用梭镖打中他的左手，再也不能动弹。土著居民见此情景，蜂拥而上，一个岛民用刀砍伤他的左腿，麦哲伦倒在地上。

这时岛民们向他猛扑过来，用长矛和其他各种武器一齐向他刺来。他们就这样杀死了我们心中的明镜，我们的光明，我们的安慰……"

这位历史上伟大的航海家和8位西班牙船员，在凯旋荣归的前夜，在伟大胜利的时刻，在一次毫无意义的战斗中死去了。

在这位航海家阵亡之后，发生的一场悲剧更令人感到遗憾和痛惜。那些西班牙官兵不敢去夺回自己首领的遗体，反而吓得丧胆落魄。他们派出一名使者向马坦岛土王要求赎回麦哲伦遗体，他们想用几串小玩意儿或几块花布买回上将的尸体。但是这位赤身裸体的胜利者却比麦哲伦这些胆怯的战友懂得尊严，他拒绝了这笔交易，不论是镜子、玻璃珠球，或是美丽的天鹅绒，都不能换回这具伟大人物的尸体。土王酋长不愿轻易出卖这个具有深远意义的战利品。

现在仍然无人知道，麦哲伦的遗体是怎么处理的，是火烧、水葬、土埋，还是喂了乌鸦，没有收尸，或在原地任其腐烂……总之，没有给后人留下一座坟墓。这个环绕地球周游一圈的神秘人物，就这样神秘的被湮没了。

土王设陷阱

在马坦岛的战斗中，麦哲伦的忠实奴仆亨利，直到最后一分钟也没有离开过麦哲伦，后来亨利也身负重伤被抬回船上。亨利对于主人的阵亡十分悲痛。抚今追昔麦哲伦带他南来北往，虽是主仆关系，但主人把他首先看成是人，享有人的权利，生活得很融洽，待他很优厚，而亨利也完完全全忠于主人。因此麦哲伦之死，他悲恸欲绝。他整天躺在床上，蒙着一张席子，一动不动地躺着，泣不成声，几乎成为一个泪人。

麦哲伦死后，杜亚脱·巴尔波查和谢兰被选为舰队的领导。而新任领导巴尔波查却粗暴地对待亨利，对他横加侮辱，并粗暴地宣称：亨利不要以为主人死了就可以游手好闲，自由了，回国后将马上交给麦哲伦的夫人。现在他必须服从命令，赶快上岸去当翻译，否则将吃鞭子的苦头。亨利是马来西亚人，绝对不能被别人侮辱，马来西亚民族，善于复仇。他被别人叫做狗，而且对他也跟狗一样没有自由，但他一声不响地咬紧牙关，心中却燃烧着怒火。

受不了侮辱的亨利利用机会与土王勾结。他告诉土王说：

"西班牙人准备把未出卖的货物装船回国，如果土王现在能立即行动，全部货物将唾手可得，同时还可将三艘大船据为己有。"

亨利这一建议正中谢布土王的下怀，于是他们拟定计划，准备行动。表面上贸易热火朝天，暗地里土王施行诡计。

在麦哲伦死后的第五天，即5月11日，谢布土王要献给西班牙国王珍贵的宝物，为了表达对国王的尊重，要搞一个献宝仪式。他招来各部族的首领，请西班牙船长巴尔波查和谢兰领着所有西班牙人，前去接纳献给国王的礼物。船长和29位西班牙人上岸后受到土王的隆重欢迎，径直朝椰林走去，无数土著居民把他们团团包围起来，当土王要他们往椰林深处走的时候，舵手茹安·卡尔瓦里奥感到有些不安，他把疑虑告诉保安官埃斯比诺萨，他俩商量把船员尽快送上岸，一旦有情况，好营救伙伴。他们找了个借口挤出重围，奔向大船。可是，没等他们上船，岸上已是杀声震天了。这种情况，同一年前马六甲的情况是一样的，土著人乘其不备，向开怀畅饮的西班牙人一拥而上。背信弃义的谢布土王一举结果了所有的西班牙客人的性命，夺得了全部货物、武器和铠甲。

大船上的船员看到岸上被土著人惨杀的情景，怒火中烧，接着向岸上开炮，炮弹击中了土著人的茅屋。此时茹安·谢兰从野蛮的土著人手中挣脱出来向海边跑去，但敌人紧追不舍，围住他，然后把他的手脚捆绑起来，野人土著声嘶力竭向船上喊话，让他们停止打炮，否则就杀死他，并要大船派小船送来货物，把谢兰赎回去。要能换回谢兰，得用两门大炮，几桶铜元。但船长卡尔瓦里奥无动于衷，根本不去营救他。就这样，茹安·谢兰船长被土著人杀害了。

船队还没有驶出港口，岛上西班牙人竖立的大十字架被土著人推倒了，麦哲伦苦心经营和开创的成果全部毁于一旦。舰队离开宿务岛了，船员们的心情十分沉重。宿务岛之行，失去了统帅麦哲伦，失去了船长杜亚脱·巴尔波查和茹安·谢兰，失去了领航技术能手圣马尔丁，亨利也离开了船队。出国时全体船员一共为265人，现在只剩下150人了。

"康塞普逊"号破损严重，早已漏水，因此，在人手少，很难驾驶3艘船只的情况下，船队决定将"康塞普逊"号沉没。舰队行驶到鲍赫黎岛附近，人们将一切能使用的东西，甚至一颗钉子，一根绳子都搬到另外两艘船上，最后把破烂的船体付之一炬。

　　水手们悲痛地看着这艘与他们荣侮与共的"康塞普逊"号的最后结局。昨天还是他们的家，今天就被烧成灰烬沉入大海了。特别是回忆起当初五艘船只的舰队，从塞维利亚起航的情景，红旗拓展，气派雄伟，水兵们个个精神焕发的景象，一股心酸涌上心头，许多水手都流下了热泪。

　　回顾舰队五艘船只的兴衰历史，无不标志着远航航程的坎坷。首先是"圣地亚哥"号在巴塔哥亚海岸遇难。后来"圣安东尼奥"号在"麦哲伦海峡"叛变逃回国。"康塞普逊"号又破损不堪，被淘汰了。现在只剩下原麦哲伦的旗舰"特里尼达"号和体积小其貌不扬的"维多利亚"号了。

到马鲁古群岛

"特里尼达"号和"维多利亚"号,在太平洋上盲目地行驶着。朝思暮想的马鲁古群岛,本来近在咫尺,但他们却视而不见。本应朝西南方向航行,但他们却犹豫不决,绕来绕去,忽左忽右,在西北方向徘徊,一会驶向曼达娜奥,一会儿驶向加里曼册。在这样漫无边际的漂泊中,整整浪费了半年的时间。

麦哲伦在世的时候,舰队纪律严明,不准带女人上船,从未发生过陆上行抢和海上掠劫的事。可是现在,由卡尔瓦里奥执掌帅印,舰队纪律松弛,一路上遇到什么抢什么,陆上、海上到处行劫,卡尔瓦里奥中饱私囊,抢劫三名土著妇女上船,供他玩乐。船员们已经忍无可忍了,才罢免了他长官的职务,推举"特里尼达"号船长埃斯比诺萨,"维多利亚"号船长埃里卡诺和授有舰队指挥官衔的舵手谢兰3人,共同领导舰队。

舰队仍在大海中摸索前进，一个偶然的机会，在他们抢劫的一只小船上发现了一个马鲁古群岛人（此人是马鲁古群岛中的干那岛人），他熟悉通往"香料群岛"（即马鲁古群岛）的航路，而且还认识麦哲伦的好友，早在马鲁古群岛安家落户的法兰西斯库·谢兰，这一下可算找到了一个能把他们带出迷宫的人了。

1521年11月6日，船员们看见了干那底岛和提多尔岛的山峰，顿时欢腾起来。比加费德在日记中写道："给我们带路的领航员对我们说，这就是马鲁古。我们大家都纷纷感谢上帝，开炮鸣响庆祝这一令人喜悦的事件。请不要对我们狂喜的心情感到奇怪，要知道为了寻找这些群岛，我们历尽艰险，历时27个月差两天。为了在无数群岛中寻找马鲁古，我们游遍了太平洋。"

1521年11月8日，舰队终于在提多尔岛抛锚下碇。这是马鲁古群岛中最富庶的5个岛屿之一。麦哲伦在世的时候，曾经发誓要把船员带到这里来，而今幸存的船员已如愿以偿，而统帅却灰飞烟灭，实在令人惋惜，在他们到达该岛前几周，法兰西斯库·谢兰也与世长辞了。谢兰是麦哲伦的好朋友，是为环球航行的理想而奋斗的战士，他们俩都以早逝为代价留给世人不可估量的力量和知识。谢兰曾热情洋溢的描述这个富庶的群岛，他在给麦哲伦的信中写道："关于这个群岛的情况，我能说些什么呢？这里的一切都朴实无华，除安静、和平和香料以外，其他都无足轻重。我觉得，这里最大的幸福，也许是世界上最大的幸福，就是和平安静。迫于世态险恶，被我们社会驱逐出来的人，在这里可以找到自己的归宿。"

可惜，两位亲爱的朋友在这里拥抱的幻想已成为泡影了。

船队到达提多尔岛时，谢兰的朋友和顾问——苏丹王阿里曼索尔立刻乘船前去迎接，他是信奉伊斯兰教的教徒，一上船那猪肉味刺鼻，他捂着鼻子去拥抱那些基督教徒，其他酋长也去迎接了。苏丹王说："在这里住一阵子吧！经过这样长时间的海上航行，吃了不少苦，现在可以在这地方享享清福，好好休息休息，就像在你们自己国王的领土上一样。"从语气中看出，这位苏丹国王欣然承认了西班牙国王的最高政权。原来麦哲伦等西班牙人梦寐以求的"香料群岛"确实是一个十分富饶的群岛，这里盛产上等香料，食物和沙金。满目苍翠，到处都长着丁香树，海员们想尽办法购买香料。比加费德写道："……丁香……是我们航海主要目的物，所以我们鸣炮庆祝。"交换香料的货物用完了，就脱下自己的衣服去交换，船舱里堆满了丁香、肉豆蔻、肉桂、胡椒、生姜和香石竹香料。

舰队正准备起航返回西班牙的时候，突然发现旗舰"特里尼达"号鼓了一个大洞，严重漏水，于是这只船便不得不停下来修理。"特里尼达"号，原来是上将的旗舰，是第一个驶出圣路卡尔港,第一个通过"麦哲伦海峡",第一个跨过太平洋,一直走在其他舰船的前面,它是舰队伟大先导的化身。现在统帅已经去世了,他的旗舰也破损不堪,不能返回自己的祖国,而要停靠在异乡的码头上进行维修,这对许多西班牙船员来说,真是一件很不愉快的事。

随着"特里尼达"号留下维修的还有51名船员,他们也将留在岛上,而"维多利亚"号和47名船员将启程返回西班牙。在这遥远的异乡。两只船上的官兵们互相告别,那种悲壮的情景太令人感动了。他们在两年来患难与共的时间里,结下了深厚的友谊,共同克服了暴风雨造成的灾难,寒冷与饥饿带来的危险,分裂和内讧酿成的困难,土著居民和土王给他们的刺激等等。使他们变得更加团结,更加坚强,他们是一个战斗的整体,而今即将分别,都有说不出的心情。"维多利亚"号起航了,原来"特里尼达"号的船员划着小艇和舢板,随着慢慢离去的"维多利亚"号并肩航行,送了很远很远,直到黄昏时分才返回。他们要回去的同事捎信回家,向家人问候,同时也捎些香料和其他土特产回去。

后来知道,留在提多尔岛的"特里尼达"号的5名船员,全部被葡萄牙俘虏了,把他们辗转流放到摩鹿加群岛、班达群岛和印度,让他们在监狱、种植园中受尽折磨,以致于死去。

胜利的时刻

　　47名船员驾驶的满载着香料、胡椒、豆蔻和桂皮的"维多利亚"号,告别留在岛上维修的"特里尼达"号的51名船员,孤独的航行在太平洋海面上,沿途拟要经过的港口,例如马六甲、莫三鼻给,佛得角群岛,都属于葡萄牙管辖,因为葡萄牙国王伊曼纽尔早就下令追捕麦哲伦的船只,所以埃里卡诺率领的"维多利亚"号不但不能利用葡萄牙人的基地和港口,反而还要远远地避开他们,以躲避杀身之祸。这样满载货物的"维多利亚"号一口气渡过整个印度洋,然后绕过好望角和整个非洲,中途一次也没有停留。这条航路,就是今天的机械化船只,走起来也是大胆和冒险的。

　　1522年1月26日,"维多利亚"号在帝汶岛补充了淡水和粮食之后,为了逃避葡萄牙人的迫害,也不得不远离陆岸,横渡印度洋。几乎又是半年的漂泊,船上弹尽粮绝，饥饿又威胁着船员，蔬菜和淡水奇缺，许多人又患上坏血病，人员大量死亡。至5月初，一部分船员要求船长驶往最近的莫三鼻给，把船交给葡萄牙人，不再航行。但是，再任船长埃里卡诺继承了麦哲伦钢铁般的意志，要求大家克服困难去争取最后的胜利。船员们听从他的劝告，服从了他的意志，努力去完成任务。因此，后来他骄傲地向国王报告说："我们决定宁死也不向葡萄牙人投降。"

"维多利亚"号继续在印度洋上航行。当船行至好望角附近时，他们遇上了猛烈的风暴，前桅杆被刮断，中桅杆也裂了口。虚弱得几乎站不住的水手们，使出全身力气才把桅杆修好。船咯咯吱吱地直响，缓慢地沿着非洲海岸继续向北行驶，他们好容易战胜了好望角附近的狂风恶浪，于6月8日越过赤道，7月9日到达佛得角群岛。这个群岛是葡萄牙的领地，西班牙船只在这里补充淡水和粮食时，又被葡萄牙当局发现，抓去12名船员。船只丢下这12名被俘的船员赶紧逃离虎口，这时原来47个西班牙人，还有31人活着，前些时候俘虏的19名岛民在船上当劳力，现在只剩3人活着了。

在佛得角附近，比加费德发现了一个新奇而又具有重要意义的现象，这现象后来引起了世界人士的关注。上岸购买食物的船员带回来一个令人惊讶的消息：陆地上今天是星期四，而他们船上却说是星期三，差一天。是船队行驶了近3年来，比加费德记错了呢？还是船员在岸上听错了呢？3年来比加费德在船上天天记日记，他一天不差地又数了一遍，是不会漏记一天的。他又询问阿里色，这人也是每天记航海日志。结果：根据阿里色的记录，也是星期三，船员们在不断往西航行期间，竟不知不觉地从日历上丢了一天。

比加费德讲的这个奇特现象，震动了整个知识界。秘密揭开了，关于这个秘密的存在，无论是希腊的哲人或是托勒玫（地心说的创始人），还是亚里士多德（古希腊哲学家）都不知道，只是由于麦哲伦绕地球航行一周的推动，才使真相大白，是一个具有科学道理的现象。

船只绕地球向西航行一周，时间少一天的事实，确凿地证明了公元前5世纪赫拉克赖托（古希腊哲学家）提出的猜想，证实了地球在宇宙中不是静止不动的，而是以等速运动围绕地轴旋转，如果一个人顺着它的自转方向往西航行，就可以从无穷的时间中失去极少的一点。这个重新被人们认识的真理，震动了16世纪的人文主义者，就好像相对论震动了我们当今的人一样。因此，经过长期的环球航行，探险队给人类带回来的是世界上最珍贵的东西——新的科学真理，这一发现与经过航行证明地球是圆形的一样，是麦哲伦不朽的功绩之一。

"维多利亚"号鼓足最后的力气，继续在海上缓慢地航行，只剩下18个疲劳而虚弱的海员了。9月4日，从船的桅楼上发出了嘶哑的欢呼声：哨兵看见了圣维森提角。大家不约而同地走出船舱，来到甲板上，互相拥抱，个个高兴得流出了热泪。远处瓜达尔基维河，像一条银白色的带子，镶嵌在大陆的土地上，3年前他们在麦哲伦的率领下从这里出航，如今又是在这里抛锚停泊，怎不引起这些饱经苦难的海员们的联想哩！

  1522年9月6日，破漏的"维多利亚"号和18名船员，胜利的回到西班牙原来出发地圣路卡尔迪马拉麦达港了。从1519年9月20日至1522年9月6日，这次航行整整花了3年的时间，终于完成了这个史无前例的人类历史上第一次环球航行任务。船长埃里卡诺上岸的第一件要做的事，就是上书国王，报告这次伟大胜利的消息。船员们在尽情地饱餐着美味佳肴，然后满足地睡着了。翌晨，这艘凯旋归来的船由另一艘船拖着，沿瓜达尔基维尔河逆流而上，到达塞维利亚，埃里卡诺船长下令："准备射击！"

  顿时河上响起了隆隆的礼炮声。炮声象征着胜利的喜悦，炮声在向人们宣告：我们回来了，我们做了前人从来没有做过的事业，我们是第一次环绕地球航行一周的人。事实证明，地球是一个圆形的球体。

麦哲伦的功绩

麦哲伦为了达到环球航行的目的，被迫离开自己的祖国葡萄牙。他克服了重重困难，在西班牙国王的资助下，组建了一支5艘舰船、265人的探险队，于1519年从西班牙的塞维利亚出发，向西航行，渡过大西洋，到达南美洲火地岛，历尽千辛万苦，穿过麦哲伦海峡，进入太平洋，途经菲律宾群岛时，在与当地土著人的一次冲突中不幸身亡。航行中先后折损了4只船，最后剩下一只船、18个人，取道南非返回西班牙，绕地球一周，证实了地圆学说，从而呈现出一幅引人入胜的16世纪地理大发现时代的历史画卷。

马克西半里安·特兰西里万奴斯，在他的札记中写道：在浩瀚无垠、人类难测其奥秘的无名海洋上的首次航行，是人类的不朽功勋之一。

哥伦布在一望无际的大洋上航行，曾被当时和后代视为史无前例的业绩。但就哥伦布的功绩而论，是无法同麦哲伦相提并论的。哥伦布率领的是3艘新船，装备精良，食物充足，而且在途中总共才行驶30天。在他登陆的前一周，从海浪冲来的芦苇，水上漂浮的树木枝杈，以及飞来的野鸟，都向他预示，有一块陆地已经近在咫尺。哥伦布的船员个个身体健壮，精力充沛，船上粮食充足，万一发生意外，到不了目的地，他满可以安全返回祖国。虽然他对前面的一切荒无所知，但他背后却有可靠的避难所和安身处。而麦哲伦要去的大洋，则是不为人所知的，他出发的地方不是故乡欧洲，不是旧居故里，而是陌生的、寒冷的巴达哥尼亚。他的船员备尝忧患，已经虚弱不堪，265人中，死的死，亡的亡，最后只剩18人返回祖国……所有的这些，说明麦哲伦的环球航行确是人类历史上的一次不朽的历程。他的发现更是惊人的，他不是预言者，而是实践者，用他的行动来证实了地球是圆形的。

麦哲伦的功绩之一，是帮助人类认识自己，提高其创造的自觉性，使人类的知识不断丰富起来。他是第一个提出环球航行的人，而且是他的最后一艘船实现了这一理想。几千年来，人们一直在探索地球的形状，但始终一无所获，现在人类证实了地球的形状，同时又一次看清了自己能量的大小。

在漫长的历史长河中，人类围绕着地球在宇宙中的位置、运动、形态等问题，论战了几个世纪。以托勒玫为代表的地心论者认为，地球处于宇宙的中心，是永恒不动的，其他天体围绕地球转动，世界是上帝创造的。这个观点长期得到基督教会的支持，而排斥其他学派。15—16世纪，哥白尼总结了前人的认识，提出日心学说，即太阳位于宇宙的中心，地球等天体围绕太阳转动，这个学说得到广大科学家的支持，例如天文学家开普勒、第谷、布鲁诺、伽利略、牛顿等等，而当时势力强大的基督教会党残酷的迫害科学家们，甚至用火烧死了布鲁诺。

而麦哲伦则是以实际行动来证明地球是从西向东运动的天体，证明地球是圆形的人，他们的行动是历史上的伟大创举。

麦哲伦的第一次环球航行，在扩大世界贸易，促进东西方的货物交流，文化往来等许多方面，起着积极的不可低估的推动作用。欧洲通往东方的新航路的开辟，美洲大陆的发现，以及环球航行的成功，为欧洲新兴资产阶级开辟了新的活动场所，并给自然科学的发展开拓了广阔的道路。

年　表

麦哲伦（费迪南德·麦哲伦扬什）诞生	1480	"圣安东尼奥"号叛逃，舰队损失第二艘船只	1520年11月8日
在印度服兵役	1505—1512年	舰队通过麦哲伦海峡进入太平洋	1520年11月28日
在欧洲服兵役	1513年	舰队通过圣巴夫拉岛	1521年1月24日
觐见国王，被解除葡萄牙官职	1515年	舰队通过鲨鱼岛	1521年2月4日
与祖国断绝关系，来到塞维利亚，从此改名为费迪南德·麦哲伦扬涅斯	1517年10月	舰队在"强盗群岛"靠岸	1521年3月6日
		舰队在胡穆奴岛（菲律宾群岛）靠岸	1521年3月16日
与西班牙国王签署协定	1518年3月22日	舰队在马索华岛靠岸	1521年3月28日
麦哲伦的5艘舰船离开塞维利亚驶往圣路卡尔港	1519年8月10日	舰队到达宿务岛	1521年4月7日
		麦哲伦在马坦岛阵亡	1521年4月27日
舰队由圣路卡尔迪巴拉麦港驶入大海	1519年9月20日	谢兰和巴尔波查遇难	1521年5月11日
舰队抵达特约里费	1519年9月26日	"康塞普逊"号被烧毁，损失第3艘船只	1521年5月14日
舰队驶离特约里费	1519年10月13日	叛逃的"圣安东尼奥"号回到塞维利亚，"维多利亚"号和"特里尼过"号到达马鲁古群岛（提多尔岛）	1521年11月8日
舰队抵达里约热内卢	1519年12月13日		
舰队驶离里约热内卢	1519年12月26日		
舰队抵达拉普拉塔湾	1520年1月10日		
舰队驶离拉普拉塔湾	1520年2月2日	"特里尼达"号不能继续航行，损失第4艘船只	1521年12月18日
舰队在圣胡利安湾停泊过冬	1520年3月31日	最后一艘船"维多利亚"号由提多尔岛出发回国继续航行	1521年12月21日
圣胡利安湾的叛乱	1520年4月2日		
审判叛乱分子，处死凯萨达	1520年4月7日	"维多利亚"号驶离帝汶岛	1522年12月26日
第一艘舰船"圣地亚哥"号遇难	1520年5月29日	"维多利亚"号绕过好望角	1522年5月
舰队驶离圣胡利安湾	1520年8月24日	"维多利亚"号到达佛得角	1522年7月9日
舰队驶离圣克鲁斯河口	1520年10月18日	"维多利亚"号驶入圣路卡尔迪马拉麦达港	1522年9月6日
舰队到达麦哲伦海峡入口处圣女岬	1520年10月21日	"维多利亚"号经过差12天不到3年的航行终于又在塞维利亚靠岸	1522年9月7日
舰队全部船只驶入海峡	1520年10月25日		

118

世界五千年科技故事丛书

01. 科学精神光照千秋：古希腊科学家的故事
02. 中国领先世界的科技成就
03. 两刃利剑：原子能研究的故事
04. 蓝天、碧水、绿地：地球环保的故事
05. 遨游太空：人类探索太空的故事
06. 现代理论物理大师：尼尔斯·玻尔的故事
07. 中国数学史上最光辉的篇章：李冶、秦九韶、杨辉、朱世杰的故事
08. 中国近代民族化学工业的拓荒者：侯德榜的故事
09. 中国的狄德罗：宋应星的故事
10. 真理在烈火中闪光：布鲁诺的故事
11. 圆周率计算接力赛：祖冲之的故事
12. 宇宙的中心在哪里：托勒密与哥白尼的故事
13. 陨落的科学巨星：钱三强的故事
14. 魂系中华赤子心：钱学森的故事
15. 硝烟弥漫的诗情：诺贝尔的故事
16. 现代科学的最高奖赏：诺贝尔奖的故事
17. 席卷全球的世纪波：计算机研究发展的故事
18. 科学的迷雾：外星人与飞碟的故事
19. 中国桥魂：茅以升的故事
20. 中国铁路之父：詹天佑的故事
21. 智慧之光：中国古代四大发明的故事
22. 近代地学及奠基人：莱伊尔的故事
23. 中国近代地质学的奠基人：翁文灏和丁文江的故事
24. 地质之光：李四光的故事
25. 环球航行第一人：麦哲伦的故事
26. 洲际航行第一人：郑和的故事
27. 魂系祖国好河山：徐霞客的故事
28. 鼠疫斗士：伍连德的故事
29. 大胆革新的元代医学家：朱丹溪的故事
30. 博采众长自成一家：叶天士的故事
31. 中国博物学的无冕之王：李时珍的故事
32. 华夏神医：扁鹊的故事
33. 中华医圣：张仲景的故事
34. 圣手能医：华佗的故事
35. 原子弹之父：罗伯特·奥本海默
36. 奔向极地：南北极考察的故事
37. 分子构造的世界：高分子发现的故事
38. 点燃化学革命之火：氧气发现的故事
39. 窥视宇宙万物的奥秘：望远镜、显微镜的故事
40. 征程万里百折不挠：玄奘的故事
41. 彗星揭秘第一人：哈雷的故事
42. 海陆空的飞跃：火车、轮船、汽车、飞机发明的故事
43. 过渡时代的奇人：徐寿的故事

世界五千年科技故事丛书

44. 果蝇身上的奥秘 ：摩尔根的故事
45. 诺贝尔奖坛上的华裔科学家 ：杨振宁与李政道的故事
46. 氢弹之父—贝采里乌斯
47. 生命，如夏花之绚烂 ：奥斯特瓦尔德的故事
48. 铃声与狗的进食实验 ：巴甫洛夫的故事
49. 镭的母亲 ：居里夫人的故事
50. 科学史上的惨痛教训 ：瓦维洛夫的故事
51. 门铃又响了 无线电发明的故事
52. 现代中国科学事业的拓荒者 ：卢嘉锡的故事
53. 天涯海角一点通 ：电报和电话发明的故事
54. 独领风骚数十年 ：李比希的故事
55. 东西方文化的产儿 ：汤川秀树的故事
56. 大自然的改造者 ：米秋林的故事
57. 东方魔稻 ：袁隆平的故事
58. 中国近代气象学的奠基人 ：竺可桢的故事
59. 在沙漠上结出的果实 ：法布尔的故事
60. 宰相科学家 ：徐光启的故事
61. 疫影擒魔 ：科赫的故事
62. 遗传学之父 ：孟德尔的故事
63. 一贫如洗的科学家 ：拉马克的故事
64. 血液循环的发现者 ：哈维的故事
65. 揭开传染病神秘面纱的人 ：巴斯德的故事
66. 制服怒水泽千秋 ：李冰的故事
67. 星云学说的主人 ：康德和拉普拉斯的故事
68. 星辉月映探苍穹 ：第谷和开普勒的故事
69. 实验科学的奠基人 ：伽利略的故事
70. 世界发明之王 ：爱迪生的故事
71. 生物学革命大师 ：达尔文的故事
72. 禹迹茫茫 ：中国历代治水的故事
73. 数学发展的世纪之桥 ：希尔伯特的故事
74. 他架起代数与几何的桥梁 ：笛卡尔的故事
75. 梦溪园中的科学老人 ：沈括的故事
76. 窥天地之奥 ：张衡的故事
77. 控制论之父 ：诺伯特·维纳的故事
78. 开风气之先的科学大师 ：莱布尼茨的故事
79. 近代科学的奠基人 ：罗伯特·波义尔的故事
80. 走进化学的迷宫 ：门捷列夫的故事
81. 学究天人 ：郭守敬的故事
82. 攫雷电于九天 ：富兰克林的故事
83. 华罗庚的故事
84. 独得六项世界第一的科学家 ：苏颂的故事
85. 传播中国古代科学文明的使者 ：李约瑟的故事
86. 阿波罗计划 ：人类探索月球的故事
87. 一位身披袈裟的科学家 ：僧一行的故事